Bernd Schneidmüller

中世纪时期的
皇帝

从查理大帝到
马克西米利安一世

DIE KAISER DES MITTELALTERS.
VON KARL DEM GROSSEN BIS MAXIMILIAN I.

〔德〕贝恩德·施耐德穆勒 / 著

陆瑶 / 译

社会科学文献出版社
SOCIAL SCIENCES ACADEMIC PRESS (CHINA)

Contents /

第一章　初探

在拉丁中世纪，皇帝统治（Kaisertum）是国王统治（Königsherrschaft）的升级。新的头衔与特殊的加冕仪式标志了权力的升级与过渡。通常，教宗在罗马为皇帝膏立加冕，其中，800年至915年间是法兰克王国的国王，962年起则是东法兰克王国德意志国王。加冕仪式连接世俗与教会这两大至高权力，使政治的优先地位彰显神圣。

英姿雄伟，邻近上帝，在救世史中天命所归，这些都为中世纪皇帝蒙上神圣、迷人的光辉。然而，想象中的世界统治却不得不在现实的限制中回归理智。自己国民的最高君主也许是他人的眼中钉。对子孙后代来说，帝国也许空留一座失乐园，凝固了政治预言与德意志的残暴乱象。

皇帝与帝国——如果两者常常以单数形式被提及，我们在这里就必须看到其中的多样、持久、冲突与矛盾。不过，本书对此不作详述，因为皇帝从古到今都有，即使他希望自己是天下唯一，也不得不忍受还有许多其他古今名帝。在800年至1453年的中世纪，甚至有很长一段时间同时存在两位基督教世界的皇帝。本书仅讲述拉丁欧洲的皇帝统治，从800年查理大帝创下的基业到最后一次罗马加冕，直到15世纪末16世纪初一个新时代的来临。

皇帝大教堂（Kaiserdome）、皇帝行宫（Kaiserpfalzen）、皇帝大厅（Kaisersäle）、皇帝典藏（Kaiserschätze）、皇帝画像（Kaiserbilder）、皇帝传说（Kaisersagen）、帝国（Kaiserreichen）、皇帝展（Kaiserausstellung）：尽管19世纪以来欧洲已走出帝制，但是这种统治形式在历史上经历的重要折点及其留下的记忆仍有余响，皇帝统治纪念物的光辉也闪烁至今。"德国制造"的中世纪皇帝以及三次衰落的帝国始终与德意志民族的历史相伴，19世纪至21世纪尤甚。人们已经很难真正使德意志的中世纪历史摆脱近现代对它的功利性解读。不过，回望几个世纪，差异自然显现。"德国皇帝"这个说法是未经推敲且充满误解的：符合国家法（Staatsrecht）的德国皇帝只存在于1871年至1918年，而在中世纪进行统治的则是罗马皇帝。皇帝的头衔与帝国的名号并非同时产生："罗马皇帝"的头衔出现在10世纪，"神圣帝国"以及随后的"神圣罗马帝国"则在12世纪，而"德意志民族神圣罗马帝国"则出现于15世纪末。名号的不断拉长也恰恰反映了现实变迁。从查理大帝到马克西米利安一世，在不断变化的皇权机构中，我们应该看到中世纪的皇帝的多样之处。

在由古代向中世纪过渡的阶段，新的王国建立于曾经的西罗马帝国疆土上。君主制因此深深印在欧洲古代史的统治形态中。若失去国王统治，人民也很快就会失去独立性。直到后来，城镇才费力地建起能与国王统治和贵族势力抗衡的组织形式。在王国之上，皇帝统治标志着最高君主统治权力。盎格鲁—撒克逊、东法兰克、西法兰克以及西班牙的人民都骄傲地为各自的国王冠以皇帝之名。不过，只有经过特定的加封仪式，皇帝统治才能长期保持强势。加冕仪式意在对外宣扬合法性，往往需要清晰明确的符号以及面向公众。

5世纪到8世纪，法兰克人建立了仅次于东罗马（拜占庭）和伊斯兰世界的第三个大国。建国之后，须以新皇帝之名彰显征服者之伟业。为此，接下来的几年里，人们试验了各种不同的加冕形式和加冕地点。最终，查理大帝于公元800年在圣彼得大教堂由教宗加冕，既树立了合法性，也创建了传统。此举上溯古典罗马正统，有意与希腊化的君士坦丁堡/拜占庭的基督教帝国相对立，为拉丁中世纪建立了新秩序。此后一千年，或多或少，欧洲都在勉力继承和维持这一秩序。

罗马同时是古罗马世界帝国的中心，是大使徒彼得和保罗的安葬之处，是教宗宝座所在，也是罗马人民的城市。这些都为新的西方帝国提供了深远的合法性基础。整个中世纪，所有变更都一再上溯这一基础。恺撒和奥古斯都创建了皇帝统治，军事指挥权（imperium）使皇帝位于众人之上。皇帝的古代名称也留在欧洲语言的词语中：罗曼语系和英语沿用了 imperator 一词，在日耳曼语系和斯拉夫语系中则留下了 Caesar，如德语的 Kaiser，俄语的 Zar。中世纪拉丁语中，Caesar、Augustus 和 Imperator 均为"皇帝"之义。

相同的名字似乎在确保中世纪皇帝统治与古罗马的一致性。的确，想象和仪式一直是它的核心组成。名目虽不多，效果却足够惊人。不过，皇帝统治从 8 世纪发展到 16 世纪，经历的却更多是对立、冲突与变化。一方面，它为帝位拥有者确立了合法性；另一方面，前人经历过或设想过的皇帝统治形式也随着实际操作、诠释方式及象征符号的重重变化而不断变迁。

由制度与个人共同组成的结构内所产生的持续动荡无法单独以制度史或列王纪的形式得到详尽描述。人与制度、行为与思想、规制与操作空间，这些都需要综合起来考虑。中世纪的皇帝正是需要我们用这样的综合视角去审视。他们最开始的加冕 就已经尤为重要，也尤其体现着礼仪、想象和秩序的持续动态变化。加冕中象征性的动作投射着要求、希望与事实。皇帝统治既有想象空间，也有操作空间。或威震群臣，或向外征伐，或光耀国威，尊荣之升华可谓用途多样，时而伟大，时而庸碌。

几百年间，虽然皇帝统治的形制一直在变化，但在它的价值核心中，有三个作用范畴始终突出，即普世权力、罗马正统以及救世史的天命所归——三者正是德意志历史与罗马皇帝统治的张力所在。

普世权力：古典时期起，皇帝就基本被认为是世界的最高统治者。一众国王之上，只能有一位皇帝。4 世纪以来，皇帝还保障了基督教会的统一。罗马皇帝的统治为耶稣基督的降生提供了空间，因为早在基督教之前罗马皇帝已经存在。尽管如此，皇帝在救赎之路上仍然需要依赖主教，尤其需要依赖罗马教宗。皇帝与教会在各个方面都超越一切边界，代表普世权力。正是出于这一需求，两者在共存与对抗时，常常为了级别对等或占据优势而冲突不断。

虽然皇帝的"世界统治"（Weltherrschaft）总是一再被提及，在与邻国乃至广大世界的接触中，皇帝统治却自然发展出一套令人惊讶的实用手段。在 962 年帝位落于东法兰克—德意志王国（das ostfränkisch-deutsche Reich）时，加洛林王朝的几个后代王国就要求平等共处。充满多样性的欧洲不再允许只有一个皇帝称霸。更何况这个欧洲大陆中部的王国和它的皇帝不管在经济、社会、文化还是军事实力上，本来就一直远逊于它西边和南边的邻居。为了应付这一局面，13 世纪起，包含多种平衡手段的实用方案逐渐成形：皇帝作为世界统治者仍然具有立法权力和最高权威，同时，国王却也可以在自己的王国内称帝，只要世俗关系中无人声称位高于他。这样一来，皇帝的普世权力形象既未被削弱，对邻国来说也变得可以忍受。皇帝加冕只平添一层权威，并未带来实权。随着中世纪晚期欧洲民族国家的形成，推动罗马—德意志国王彻底吸收、实行皇帝统治也恰恰是应运之举。渐渐的，区分法兰克福的国王选举、亚琛的国王加冕以及罗马的皇帝加冕之间的界限不断消融。

普世统治中，皇位的权能与威望渐渐成形。一旦登基为皇，就踏入了一种永不停止的冲突关系。皇帝过完一生，皇帝统治却远远未结束。中世纪晚期，人们将皇帝的遗体盛装陈列，供人观瞻。即使君主已作古，皇帝对世界的统治也长过他速朽的肉躯。

罗马正统与救世使命：在 8 世纪，随着教宗的态度转变，罗马的影响力也离开东罗马皇帝，转移至法兰克人的国王身上。在 476 年西罗马帝国终结之后，意大利就只能是拜占庭王国的边缘风景。随着教宗这一转向，意大利又成为西欧与中欧人民的向往之地。在推行基督教化的过程中，罗马主教以使徒彼得继承者之名，稳固了自己的优势地位。随着基督教化的步步深入，拉丁基督教世界越来越仰仗罗马教廷和教宗的权威。800 年查理大帝在圣彼得大教堂加冕，既为这位法兰克人统治者带来罗马帝国的旧日光辉，也赋予教宗加冕皇帝的权力与资格。

纷繁多样的中世纪皇帝图景或许可以用数字来冷静勾勒：800年到1519年，共有30位皇帝施行统治。至817年，加冕仪式曾在亚琛（813年与817年）和兰斯（816年）举行，这一短暂的试验期过后，自823年起，皇帝在罗马加冕就固定为传统（唯一一次例外是892年在拉文纳的加冕）。3位皇帝经历过两次加冕：虔诚者路易（813年和816年）、洛泰尔一世（817年和823年）和路易四世（1328年）。有25次是教宗自己指定了加冕人选（其中两次是"对立教宗"，即1084年与1328年）。在教宗移驾阿维尼翁年间，有2次罗马加冕由其代理枢机主教主持（1312年和1355年）。25位皇帝在罗马圣彼得大教堂加冕［800年、823年、850年、875年、881年、891年（？）、896年、901年、915年、962年、967年、996年、1014年、1027年、1046年（？）、1084年、1111年、1155年、1191年、1209年、1220年、1328年、1355年、1433年、1452年］，在罗马动乱期间，2位皇帝破例在拉特兰的圣约翰教堂加冕（1133年与1312年）。在皇帝统治的第一个世纪中，有 4 位于 813 年至 892 年在亚琛、兰斯和拉文纳加冕，与另外两位由作为皇帝的父亲指定继位却未经教宗加冕的皇帝虔诚者路易（813 年）和洛泰尔一世（817 年）一样，他们的影响十分有限。出于种种原因，有些国王统治多年之后才能动身前往罗马进行加冕，许多则终生未踏入罗马之境。919 年至 1519 年，东法兰克—德意志帝国的 41 位国王、副王和对立王中，只有 19 位称帝。800 年至 1519 年，皇座有 307 年空位，在另外 413 年里又为一人所独享。加冕典礼往往选在教会年历中的特殊日期举行，这与仪式的重要性相符。6 次皇帝加冕选在复活节（823 年、892 年、1027 年、1084 年和 1355 年，1191 年在复活节星期一）举行，4 次在圣诞节（800 年、875 年、967 年与 1046 年），2 次在五旬节（1328 年与 1433 年），此外还各有一次在献主节（962 年 2 月 2 日）、升天节（996 年）以及彼得保罗节（1312 年 6 月 29 日）。

即便存在种种例外，我们仍能从这些数字和年代中窥得一种模式：拉丁中世纪的皇帝统治一直是属于极少数人的殊荣，长期以来无法为所有法兰克国王或东法兰克—德意志国王所共享。罗马加冕之行也充满了政治与军事上的挑战。在对加冕权的争夺中，教宗迅速占据上风。800 年至 1452 年，大使徒之墓所在的罗马圣彼得大教堂一直是恰当的加冕场所。

除了遵循古代皇帝传统与由天主教教宗在罗马进行加冕的理念外，12 世纪中叶，罗马人民也开始提出为皇帝进行世俗加冕的要求。统治者并未接受这一带有城市和市民色彩的皇权设想。因此，一直到 1452 年，皇帝的加冕大权一直牢牢掌握在教宗手中。第一个放弃罗马加冕之行的皇帝是马克西米利安一世，他在 1508 年由教宗认可，获得"受选罗马皇帝"的头衔。最后一次教宗加冕是 1530 年教宗克莱孟七世加冕查理五世，不过，加冕地点已不是罗马，而是博洛尼亚。

同他们在拜占庭的竞争对手一样，拉丁世界的皇帝也将自己视为古代罗马统治者的后继者。恺撒与奥古斯都之后，尤其由君士坦丁大帝奠定了基督教皇帝统治的合法性。801 年至 812 年以及 982 年之后，国王称号通常都包含国王的罗马名字。随着法兰克人与德意志人先后接过"帝国传承（Translatio imperii）"[①]的理念，针对罗马皇帝统治，中世纪演化出一套理解模式。在这套模式中，罗马帝国最后成为《圣经·但以理书》[②]传统中的第四个地上世界帝国。因此，为了基督教世界的存在，罗马皇帝作为罗马教会的守护者被赋予救世史的重要意义。皇帝的这种自觉（自1157年起）也表现在"神圣帝国"的称号上。

罗马帝国与德意志历史：自962年起，皇帝统治一直与东法兰克—德意志王国密不可分。众国王通常出身于北海至阿尔卑斯山之间的国土上的王侯、伯爵家族。除了1257年的二重选王（Doppelwahl）外，其他国王与诸侯一次次徒劳地角逐皇位。对皇帝统治的持续觊觎改变

---

① 即中世纪历史书写的"帝国统治转移理论"，认为政治统治需传承有自，只有罗马统治的继承者才具有正统合法性。文人史家都用帝国传承的理论将自己国家的统治奉为正统，比如将查理大帝的法兰克帝国说成继承了罗马正统。

② 但以理为尼布甲尼撒解梦，称在巴比伦之后还会有第二、第三、第四帝国相继出现。早期教父将这四大帝国解释为巴比伦、波斯、希腊与罗马。"帝国传承"理论即是建立在这一解经基础上。

了君主制度与帝国历史。自11世纪起，统治者在赢得国王选举后就自称为"罗马人的国王"，并凭借这一头衔期待登上更高的皇帝尊位。随着法兰克庞大帝国瓦解、东法兰克王国崛起，国王统治和贵族联盟的共存状态成了身份建构的催化剂。法兰克、萨克森、巴伐利亚、阿勒曼尼和洛林这些民族在非常漫长的进程中完成了德意志的民族国家构建。他们的国王成为皇帝，他们在意大利乃至整个欧洲举行凯旋游行，他们有在世界争先的帝国雄心，他们邻近罗马教会——如此种种尤其让他们产生一种共同体的归属感。

11世纪，《安诺之歌》（Annolied）在德意志民族的诞生和发展的叙事中编入他们参与了恺撒建立古代帝国之伟业的传说。千年之交，欧里亚克的热贝尔（Gerbert von Aurillac）①在对奥托三世（Otto Ⅲ）的去信中兴奋地写道："我们，我们的就是罗马帝国（Unser, unser ist das römische Reich）！"在这样的信念中，

①　即教宗西尔维斯特二世。（如无特别说明，本书页下注均为译者注。）

中世纪逐渐滋长出只有德意志人才有权拥有皇帝统治的理念。13世纪时，《萨克森法鉴》（Sachsenspiegel）这样描述国王和皇帝的区别："德意志人应定期选举国王。国王受到被专门指定负责此事的主教祝福并于亚琛加冕后，就拥有国王统治权与国王称号。如果得到教宗祝福，则拥有帝国统治权与皇帝称号。"意大利人马里努斯·德·弗雷格诺（Marinus de Fregeno）于1479年写到，德国与整个西方世界都由皇帝统治。帝国与民族秩序都在其影响之下。

国王统治得到升级，为皇帝带来特别的势力保障。他的帝国联合了东法兰克—德意志王国、意大利王国和勃艮第王国三大王国。到了中世纪晚期，皇帝所拥有的冠冕之多更是让其他君主政体相形见绌。拥有普世权力并占有"世界之都（caput mundi）"罗马并未让德意志王国像它的其他欧洲邻居那样发展成民族国家。正是在与皇帝普世权力的摩擦中，欧洲一些国王与民族发现了自身的尊严与独立。自12世纪起，德意志的有效统治权开始受到严词挑战。在中世纪盛期和晚期愈加变动的世界中，与皇帝更为频繁的接触激发了其他民族的情感与智性探讨。他们当中流传的各种刻板印象描摹着皇帝的暴政与德意志人的野蛮。各个民族将帝国设想为一种统治机关，并一而再，再而三地对它进行质疑与辨析。最后，法兰西人、英格兰人或意大利人将皇帝称为与欧洲众统治者平级的"德意志皇帝"。

经济、社会与文化的差异长期以来促成了一个欧洲、多种历史发展速度的局面。在中世纪盛期与晚期，帝国不再能够跟上西欧与南欧现代化发展的步伐。设想中拥有的权力与实际政治实践之间的撕裂一再加剧。无论在思想上还是在政治上，罗马皇帝统治与德意志历史之间的冲突从未得到系统解决。因此，皇帝统治对德意志国家和它的欧洲邻国来说，既是机遇，也是负担。①

① 我要感谢我在海德堡教学活动中的学生，以及海德堡大学欧洲历史与文化研究中心的同事对本书的启发与指正。本书所引文献由笔者从收录、整理了原始文本的校勘本中译出，或摘自以下丛书（部分经过修正）：*Freiherr vom Stein-Gedächtnisausgabe*；*Die Geschichtsschreiber der deutschen Vorzeit*；*Geschichte in Quellen 2：Mittelalter*，1978 年第二版。——原注

第二章　古代渊源——拜占庭的竞争

查理大帝于公元 800 年的圣诞节建立了欧洲的西方帝国。这位新皇设计出的一套崭新的帝国方案将在未来影响西欧的历史。其中，悠久传统与时新经验共同伴随着这位法兰克统治者为自己在罗马历史中寻找一席之地的一系列尝试。8 世纪下半叶，法兰克诸王和罗马教宗的共存相当程度上塑造了皇帝统治的理念与仪式。古代先例与同时期拜占庭的制度为他们提供了行动与操作的蓝本。即使历史文献往往只能留下文化学习和政治龃龉的历史碎片，我们也能从中看出过去与当下是如何深刻影响这场公元 800 年的实验的。对古代统治者头衔的承接以及关于究竟谁有权使用罗马遗产的争执在其中显然可见。查理在他的法兰克与伦巴第国王头衔上叠加皇帝之名（nomen imperatoris），并自诩为罗马帝国（imperium Romanum）的掌舵者。后来，他又加上了罗马统治者恺撒与奥古斯都的名字，组成英白拉多·恺撒·奥古斯都（Imperator Caesar Augustus）"三和弦"，标志着皇帝统治建立在古代先例之上，且有力提升了法兰克及东法兰克—德意志的国王统治力。因此，为了理解中世纪的传统与革新，就有必要对古代以及拜占庭的制度蓝本稍作勾勒。

恺撒（逝于公元前44年）与奥古斯都（逝于公元14年）二者的名字既代表人物，也是统治者头衔，是罗马皇帝统治的开端。几世纪间，罗马共和国剧烈偏离了最初的王政统治，将君主制视为政治正确的对立面。对王政统治的蓄意攻讦成为政治宣传的手段。公元前1世纪，即使这时军事独裁已侵蚀了共和国准则，人们依然继续用共和制度的话语与思维为其掩护。事实上的一人独权尚未获得王名，相反，人们为这一人修改共和国政制，将到目前为止有任职年限规定的官位固定了下来 [独裁官（Diktatur/dictator）、平民保民官（Volkstribunat/tribunus plebis）、代执政官（prokonsularische Gewalt/proconsul）]，并对军队的军事指挥权加以强调（将军＝英白拉多）[①]。通过加上"恺撒"和"奥古斯都"这样的英雄首领之名，一人统治很快形成自己的传统。加封尊号，以及在逝世后经由元老院决议列入神列，标志着恺撒这位罗马元首（Princeps）获得了新的地位，从此，这也形成了一种文化，他的名字公开代表着后世统治者的尊贵形象。在对他的崇拜中，元首凭借他毗邻众神的位置为国家确保福祉。

一人统治的基础在于对军队的指挥权。军队振臂高呼建立统治基础，并用宣誓稳固效忠。危机时刻，罗马军团各自拥立他们的将军为皇帝，并攻进罗马城保证他们戴上冠冕。这种脆弱的服从体系的背面是皇帝崇拜，即是将皇帝从尘世背景中高举而出，并以皇帝之位将

---

① 英白拉多是古罗马的一种头衔，相当于军队的总指挥官，后也在取得重大军事胜利之后（作为荣誉称号）被用来授予指挥官，在恺撒之后英白拉多仅限用于皇帝。

此人神圣化。它从地中海东部、希腊化时期的君主崇拜传统发展而来。在西边尚未平定的地区，皇帝崇拜也让地区统治者依附帝国与皇宫。最后，韦斯巴芗（69~79年）将皇帝崇拜连同他的执政体系扩展到西边所有的大行省。为了不与罗马传统完全断裂，君主的神圣化并未得到进一步具体落实。但是皇帝为了与军队的拥戴脱钩，又选择将皇帝崇拜与对不败日神（Sol invictus）的崇拜相结合。这样一来，多神的天空乐于包容，它只需要合宜的崇拜仪式，而不再需要情感上的效忠。正是这种形式化的行为与宗教内核之间的差异，使皇帝崇拜发展为基督教无法克服的对立面。基督教的一神义务不允许信徒对他者哪怕仅仅做出尊敬姿态。对罗马人来说，这就会被解读为拒绝政治效忠。

在宫廷仪式的复杂符号中，被神化的皇帝一人愈加明显地脱离人群。见到他的图像，人们就要行跪拜礼（Proskynese）。这样一来，对处于众神庇佑之下的皇帝的虔诚（pietas）可保障国泰民安。原则上，罗马统治者瞄准世界的

边界，建立无限治权 ①。不过，帝国的外敌威胁
与皇帝的世界首领姿态之间的明显矛盾并未得
到消解。对不可能之事也保持开放的畅想，并
接受可能实现之事，这种实用的态度也保留到
了中世纪。

3 世纪到 5 世纪，帝国和皇帝统治在不同层
面上都表现了融合与变通的能力。在这个外敌
胁迫日益加剧的世界中，行政和军事的迫切问
题导致疆土分裂。4 世纪上半叶，随着西罗马和
东罗马帝国的分裂，国都也随着君士坦丁大帝
从罗马迁到君士坦丁堡（希腊名：拜占庭）。从
扩张向应激的政治转变，也从核心处改变了罗
马帝国，并让它的精英阶层成为不同族群和文
化的熔炉。自 3 世纪起，中世纪的新民族出现
在边境战斗和罗马文明的旋涡中，并历经迁徙
和征战，逐渐形成古代晚期边缘文化的身份认
同。新的统治者长期依靠皇帝，并从皇帝的认
可和地位的提升中获得合法性。罗马帝国借此

---

① 原文为 Reich ohne Grenzen，化用了维吉尔的 imperium
sine fine 的概念，也译作"无远弗届"，是公元 1~2 世
纪罗马帝国时期的一种相对松散的疆土观念和世界帝
国观念。

将新的联盟并入自身的统治与防御系统。结盟者则升到帝国统治的最高位置，成为军务长官（Heermeister），影响着皇帝统治制度的人员构成。也就是说，皇帝的职能决定了当时形成了一个多民族的统治层。

4世纪的宗教转变也改变了皇帝统治。历经长期迫害与短期容忍的基督教在4世纪正式升为国教。391年，皇帝狄奥多西一世（Theodosius I）禁止一切异教崇拜，这无疑带来了实质性的改变。经历了流散于世界的阶段后，基督徒接过了赋予政治精英合法性与意义的新任务。由于基督教的上帝无法容忍身边出现任何其他的神，皇帝迈步离开了众神的天空。不过，他们将自己视为神与人之间的中介，是上帝在俗世中选中且加冕的受命者。这时，皇帝在重重仪式中，在神圣皇宫与世隔绝的天子之境，越发远离他的臣民。从4世纪开始，公共场合中皇帝的御驾亲临逐渐为皇帝画像所取代，而画像能保证皇帝尊威无处不在。

统治权威的提升在5世纪的西罗马帝国被不断丧失的构建能力所阻。476年，先臣服于帝国，后又将它毁灭的奥多亚塞（Odoaker）罢黜了最后一任皇帝罗慕路斯·奥古斯都（也被称为奥古斯都路斯，即小奥古斯都）。对当时的人来说，476年也许只是纷繁的转型过程中的一个阶段，而在后人回顾时，这一年标志了时代的转折。经过半个千纪，皇帝统治在西罗马帝国仓皇收尾。元老院的使者将皇权象征物（Herrschaftszeichen）带到君士坦丁堡，并宣称帝国两边如今只需要一个皇帝。芝诺皇帝并未听取恳求提拔奥多亚塞，而是提拔了军务长官、东哥特阿马立家族（Amaler）的狄奥多里克（Theoderich）为元老（Patricius）。493年，狄奥多里克用武力征服了意大利。

在西方日耳曼的诸位新国王中，狄奥多里克大王位高一筹，被军队拥立为哥特人与罗马人之王。497年，东罗马皇帝阿纳斯塔修斯（Anastasius）称他为国王弗拉维·狄奥多里克（Flavius Theodericus），将其纳入皇帝家族与帝国。事实上，狄奥多里克在拉文纳的确像皇帝一样登场亮相。东罗马的霸权体系想用任命册封与提升位次的方式将其他新君也笼络进同一个帝国的理念。508 年，法兰克国王克洛维（Chlodrig）被阿纳斯塔修斯皇帝任命为执政官，在图尔（Tours）身穿从君士坦丁堡寄来的王袍在公众中亮相。皇帝虽远，他的荣耀与赋予合法性的权力依然被珍视。然而，久而久之，稳固罗马统一的融合纽带却依然不敌事实上的遥远距离而日渐废弛。东方与西方分道两路进入中世纪历史，彼此不失联络。

*

东罗马帝国，或称拜占庭帝国，一直将罗马人的皇帝统治延续至 1453 年帝国覆灭，并保证其具有绝对的独一性。即使它已失去意大利，即使希腊的语言与文化普遍得到接受与认同，甚至拉丁语的 Imperator（英白拉多）也因而变为希腊语的 Basileus（巴西琉斯），即使拉丁皇帝统治已在西方建立，即使皇帝的事实权力范围已缩至都城君士坦丁堡／拜占庭周边，东方从未放弃号称自己是罗马古代传统的唯一继承者。从 7 世纪至 15 世纪，博斯普鲁斯海峡上的大都会作为"新罗马"，成了"旧罗马"的化身，也成了对抗阿拉伯人和土耳其人的基督教信仰堡垒。1054年，罗马教会和正教会的分裂进一步提升了这一自觉。其后，西方十字军于1204年攻陷君士坦丁堡并短暂建立拉丁帝国，也未能带来任何改变。1261年，在巴列奥略王朝（Palaiologen）米哈伊尔八世（Michaels VIII）的合法统治下，君士坦丁堡又被收复并宣称为"唯一真罗马"。

"唯一真罗马"的自觉深深影响了查士丁尼一世（527~565年在位）的拜占庭皇帝统治。作为命定的罗马帝国后继者，他要反攻西方。他的将军贝利撒留（Belisar）和纳尔塞斯（Narses）在北非和意大利告捷。不过，意大利北部很快就在568年失守于伦巴第人。这样一来，查士丁尼死后，在西方重新建立起罗马帝国的梦想很快被打碎了。查士丁尼的政治成果包括收集和传承几百年来形成的罗马法。他系统整理了古代皇帝颁布的法律，既为东方政制带来了稳定的合法基础，也引起了西方在12世纪的"罗马法复兴"。

查士丁尼将流传下来的法律文本分为三个部分:《查士丁尼法典》(*Codex Justinianus*,529/534 年)收集了皇帝敕令,并宣称此后为唯一有效;《法学阶梯》(*Justiniani Institutiones*,533 年)是一部罗马法教材;《学说汇纂》(*Digesta/Pandectae*)① 则汇编了法律学者的学说。1583 年第一次完整出版这三个部分时,总称《民法大全》(*Corpus iuris civilis*),其中的关键部分至今仍是欧洲法律制度的基础。皇帝敕令产生于个案裁判,即对具体询问所作的答复(Reskript,译作诏书或复文),并非经过系统起草,而是不断扩充,加入各种不同元素。与皇权起源及其影响有着清晰渊源的法律规范也从中发展而来。查士丁尼的收集工作中,对法律规范的细化对未来有着深远影响。据此,首先只有罗马人民才有立法权,而人民把权力委托给英白拉多[《王法》(Lex regia)]。皇帝因而成为一切法的源头,而他的法律建立了国家。

---

① Digesta 来自拉丁语 digerere,意为分类、整理;Pandectae 来自希腊语 pan dechestai,意为接收。——原注

拜占庭皇帝统治的政治史恰恰无法离开这样的基础。本书不再继续关注东罗马帝国在 4 世纪至 15 世纪的发展和它的历任统治者，尽管他们在欧洲历史中的意义与地位怎样高估都不过分。对拜占庭帝国整整一千年的变迁，本书也不再继续讲述。在比较视角下，拜占庭的制度蓝本与西方的新的皇帝统治之间主要在以下五点表现了重要差异。

1. 东罗马帝国始终与皇帝统治的政治制度及统治者个人不可分离。尽管有过几次废黜，皇帝统治的持续也为拜占庭历史的延绵发展提供了保障。不同于西方，拜占庭帝国从未长久无帝。

2. 统治权最初产生于军队的拥护和投诚。皇帝统治一直与军队指挥权绑定。自 5 世纪中叶起，在不断变化的形势中，军队、元老院和人民开始进行皇帝选举。由宗主教进行的加冕开始于 474 年，并于 614 年起在圣索菲亚大教堂举行，不过，对于加冕本身来说，宗教仪式的设置向来不是有着特别重要的意义。直到 13 世纪，膏立环节才在西方的影响下被加入仪式。

3. 最初，世袭君主制并不容许把通过选举获得合法性作为原则。9 世纪之前，皇帝统治从未能在一个家族中维持超过四代；由于统治时期长，面临军事挑战，以及帝国版图被迫缩减，马其顿王朝（867~1056 年）和巴列奥略王朝（1259~1453 年）的皇权才能在事实上维持在一个家族中。10 世纪开始，能在在位期间诞下皇位候选人成为额外的评判标准。皇宫中的紫室（Porphyra）成为象征地，在里面出生的孩子被称为"生于紫室者（Porphyrogenetos）"。而华贵的紫色作为荣誉之色一直为皇帝所专属。

4. 国家权力的压倒性力量制约着教会机构和个人，使它们在东方无法赢得它们在西方那样的重要地位。在君士坦丁堡，皇帝和宗主教之间从未因政治结构与形势发生冲突，争端只发生在个人之间。加冕时，宗主教宣誓对皇帝效忠，而皇帝则发誓保护信仰。由于宗教与世俗领域平行存在，两者并不像在西方一样为孰强孰弱发生争斗，也不去争论在俗世究竟谁更为先。

5. 在古典时代晚期的传统中，皇帝的近神位置使他远离人群。皇宫禁苑的奢华做派可让来访者大为震撼。几百年来，细致、完善的宫廷仪式精心维护着皇帝与外界的文化落差，形成其统治世界的权力基础。这种权力拒绝任何其他帝国或统治者拥有与之平等的权力。因此，曾经属于大帝国的领地，如巴勒斯坦或意大利南部，即使脱离帝国或被攻占，在思想上却从未真正脱离。在拜占庭自己的理解中，在与其他政权共存时，他人向皇帝提出要求是不可能的，最多只能由巴西琉斯向低等级的国王开恩。拜占庭的这种自觉也体现在以巴西琉斯为顶端的"国王族系（Familie der Könige）"模式中。

从 7 世纪到 15 世纪，拜占庭帝国虽然得以延续，却一再收缩。奥斯曼帝国的扩张最终将它挤压到只剩国都和巴尔干的若干剩余地区。1453 年 5 月 29 日，君士坦丁堡／拜占庭在奥斯曼苏丹穆罕默德二世带领的征服者手中陷落。皇帝君士坦丁十一世在战斗中殒命。后来，战胜者将博斯普鲁斯海峡上的大都会命名为伊斯坦布尔，建为他们的新国都。从 16 世纪起，正教会则专注地将帝国理念（Reichsgedanken）贯彻于莫斯科——"第三罗马"。

第三章　西方皇帝统治的设想

（800~855 年）

　　查理大帝是拉丁中世纪皇帝统治的开端。800年 12 月 25 日，教宗利奥三世（795~816 年在位）在罗马圣彼得大教堂为他戴上皇冠。此后一千多年，这个尊位意味着国王统治的升级。此时的法兰克国工和他的幕僚正打算追求这种更高的等级。他们放手进行一场大型政治实验。加洛林王朝的最早两位法兰克国王和教宗的密切联合为此探了路。不过，具体如何筹划、有何目标与风险，仍然是未知数。在同时期的历史材料中，我们既能发现希望，也能看到矛盾。最重要的记述或来自皇帝、教宗身边关系紧密者，或写于后世，那时，讲述伟大的过去是为了教化躁动不服的当代。

《法兰克王国编年史》(*Annales regni Francorum*)从皇帝宫廷的视角如此描述:"圣诞日,国王在使徒圣彼得墓前祷告,正欲起身去望弥撒,教宗利奥戴皇冠于其首,罗马人民随即齐呼:'上帝加冕伟大和平的罗马皇帝查理,吾皇万岁,战无不胜!'山呼之后,按照皇帝旧传统,他在跪拜中受到教宗的加封,从此被称为皇帝和奥古斯都(Augustus),不再继续用元老(Patricius)的头衔。"[①]

根据教宗利奥三世的生平记述:"可敬的、大方的教士(即教宗利奥三世)亲手用珍贵的皇冠加冕他。其时,在上帝和天国钥匙的持有者圣彼得的默许下,全体罗马的忠臣们发现他如此地偏爱、保护神圣的罗马教会及其代表,就齐声高呼:'为上帝所加冕的虔诚皇帝,伟大而和平的皇帝查理万岁,战无不胜!'"[②]

---

① 此处中文翻译由译者根据本书德语译文译出。

② 引文出自《教宗列传》(*Liber Pontificalis*),此处中文翻译引自北京大学历史学系副教授李隆国的研究论文《查理曼称帝与神圣罗马帝国的形塑》,《史学集刊》2018年第3期。

《洛尔施修道院编年史》(*Annales Laureshamensis*) 没有提及加冕，而是将皇帝统治归因为希腊方面帝位的空缺，而查理在此占有优先地位："因为那时希腊方面让出了帝王的名号，他们让女性统治帝国。出席会议的使徒宗座利奥和全体神圣的教父，以及其他基督教徒认为，他们应该举荐法兰克王查理为皇帝。因为他控制了罗马这座皇帝们曾经的驻跸之所，以及位于意大利、高卢和日耳曼尼亚的其他皇帝驻跸之所。既然万能的上帝将这些驻跸之所赐予他，所以也就理所当然，在上帝的庇佑之下，在全体基督教人民的请求之下，他应该拥有这个名分。① 查理国王不愿违背他们的请求。"

查理死后十余年，艾因哈德 (Einhart) 的回忆描写颇令人惊讶："那时，他接受了皇帝和奥古斯都的称号。他最初非常不喜欢这种称号，他肯定地说，假如他当初能够预见教宗的意图，他那天是不会进教堂的，尽管那天是教堂的重要节日。但是在他接受了尊号以后，却能平心静气

---

① 　至此句为止，此段中文译文引自李隆国：《查理曼称帝与神圣罗马帝国的形塑》，《史学集刊》2018年第3期。

地容忍由此引起的罗马皇帝的敌视与愤怒，并知道如何以他的豁达大度去克服他们的敌意——论起胸襟开阔来，他无疑是远远超过他们的：他常常派使臣与他们来往，并在书信中称他们为弟兄。"[1]

这四个加冕故事并非互相矛盾。然而，它们所勾勒的是对加冕与称颂、行动与反应的各自记忆中的真实，且无法被拼凑成一种统一的叙事。因此，我们必须接受加冕为皇一事所包含的多面性。艾因哈德描写了皇帝的惊讶，还写了加冕非其本愿，透露了事情并非如此简单，并引起持续的讨论。查理成为罗马皇帝了吗？他因此离开一直受其统治的法兰克人民了吗？教宗是否宣示了一种不恰当的行动权和解释权？在突然丧失了皇帝地位独一性的君士坦丁堡，"罗马皇帝"埋下了什么冲突？

801年起，加洛林王朝的宫相开始在文书中

---

① 引文出自《查理大帝传》（*Vita Karoli Magni*），原文为拉丁语，此处中文翻译由译者根据本书德语译文译出，也参考了以英译本为翻译底本的中文翻译，参见〔法兰克〕艾因哈德、圣高尔修道院僧侣：《查理大帝传》，A. J. 格兰特英译，戚国淦中译，北京：商务印书馆，1979。

将新的尊荣呈现为多种统治的并存："查理，尊贵的奥古斯都，为上帝所膏立的、伟大而和平的皇帝，罗马帝国的领导者，在上帝的仁慈恩典下也是法兰克人和伦巴第人的国王。"这也许是中世纪最难书写的统治者头衔，既需要将作为族群的法兰克和伦巴第与罗马帝国并列，也要将国王尊号与皇帝地位并列，总之需要小心翼翼地进行安排。和中世纪盛期的头衔"罗马皇帝（imperator augustus Romanorum）"相比，加洛林王朝的折中称号像是个劳什子。它比罗马或法兰克方案中的所有精微阐释都更好地表现了查理皇帝的统治正处于实验阶段。在它存在的第一年，这种皇帝统治尚未完全成形。胜利者还在尝试，他们该如何命名国王统治的升级，并如何让它融入世界。新皇帝的魅力与力量持续了很久，直到他得到提升的地位成为一种常态。至此，需要不断自我确信的压力才逐渐消失。起初却并非这样，皇帝统治的形式与遣词都存在实验性和多义性。因此，本章以800年查理被加冕的圣诞节作为开篇。回顾加冕的前提条件和发展形式，我们便可知这样的皇帝统治是如何一步步形成的。

最初，8 世纪有两条解放之路。教宗慢慢从东罗马的束缚中脱离，为了稳固在意大利中部的统治区而转向新的保护国法兰克王国。教宗哈德良一世（Hadrian I）在 781 年的文书中最后一次依照拜占庭皇帝的统治纪年来记录时间。当时，加洛林家族在法兰克王国登上统治之位。丕平不体面地迫使墨洛温王朝的最后一位国王退位，在 751 年接管了王国。768 年丕平逝世时，法兰克王国按照传统由他两位有统治能力的儿子查理和卡洛曼瓜分。卡洛曼死后，查理于 771 年成为独一无二的统治者。

751 年王朝统治的中断需要新的合法化手段来赢得法兰克贵族的同意。后来，加洛林王朝的历史回忆针对此事讲述了教宗撒迦利亚（Zacharias，741~752 年在位）的故事，他命令法兰克人离开没有王权的墨洛温家族，而给拥有王权的加洛林家族国王之名；只有这样才能避免秩序颠倒。认为统治必须拥有正确名号（nomen）的观念，也让之后的皇帝加冕成为必要，使国王统治的霸权以新的皇帝名义得以增强。《法兰克王国编年史》在教宗的命令和法兰克人的国王选举之上又加入了丕平的膏立。经过膏立，新国王因而距上帝更近。根据回忆，教宗斯蒂芬（Stephan）于 754 年再次膏立丕平和他的两个儿子查理与卡洛曼，新的统治家族因此获得特别的合法性。教宗的到来原是为了请求援助，以抵抗伦巴第人对其统治区的严重倾轧。一个影响深远的联盟结成了：今后，法兰克人成了使徒彼得后继者的忠诚帮手。

不过，记忆容易松动。教宗第一次前往阿尔卑斯山以北的王国之旅，以及教宗与法兰克国王在蓬蒂永（Ponthion）和圣但尼（Saint-Denis）的会面形式，在不同文本中留有不同记忆。《法兰克王国编年史》把教宗描写为恳求者，《梅斯编年史前编》（*Annales Mettenses priores*）更明显："丕平得知后大喜，命令长子查理动身迎向教宗，并恭敬地将教宗带至自己所在的蓬蒂永行宫。及至蓬蒂永，教宗得到国王丕平的恭敬接待，并向国王和贵族们送上众多赠礼。第二天，教宗带着随从，穿着麻袋、顶着灰，赎罪般地拜倒在地，以全能上帝的恩慈、使徒圣彼得和圣保罗的力量恳求国王丕平，把他自己和罗马人民从伦巴第人之手、骄狂国王埃斯托夫（Aistulf）的奴役中解救出来。他始终不愿从地上起身，直到国王丕平和他的儿子以及法兰克贵族们向他伸出手，把他从地上扶起来，作为未来结盟与解救的标志。"①

《教宗列传》的记忆虽然也包含斯蒂芬的急切恳求，在礼节上却明显把丕平和查理置于更低的位置。二人匆忙迎向教宗，丕平如随从般四处为教宗引马："当丕平得知神圣的父（教宗）即将到来，急忙带着妻儿和王国贵族动身。他命儿子查理带领众多体面男人事先奔出四十英里迎接教宗。他自己从蓬蒂永行宫走出，向教宗方向几乎步行了一小时，且如廷臣一般在教宗的马旁大步走了一段路。"

在一个很大程度上以口头叙事和为领主效劳为基础的世界中，这些象征行为已建立起约束义务。主人高骑骏马，随从步行引马。恳求者如赎罪者般悲惨着装，向施救者跪倒。是大权在握，还是恭敬谦卑——也许没有什么比记录

---

① 此处中文翻译由译者从本书德语译文译出。

着 754 年这场教宗与法兰克国王的首次会面的不同文本更能体现巨大的认知差异。这为双方的地位争斗埋下了伏笔。事实上，在整个中世纪的几百年间，仪式规矩始终被不断商定、修改和重新理解。同一世界中，礼仪只是表面上具有固定形式，实际上一直发生动态变化，它用具有象征性的行为将上层与下层、强势与顺从区分开来。

754 年的联盟带来了多重收益。丕平用武力解除了伦巴第人给教宗的威胁。圣彼得的继承者给予他和他的儿子"罗马人的元老（patricius Romanorum）"这一尊称。774 年，查理征服伦巴第王国。当伦巴第王国都城帕维亚（Pavia）还在被围攻时，他就前往罗马，并受到"元老"级的接待。元老的头衔现在不再来自拜占庭皇帝，而是由作为"罗马新领袖"的教宗授予。众多王国和统治者投入查理麾下。巴伐利亚人和阿勒曼尼人更紧密地归附于法兰克王国，信奉异教的萨克森人和阿瓦尔人则在多场交战中落败。除了不列颠群岛，中世纪早期众多不同的王国如今都效力于这唯一一个强国。

大陆边缘的诗人开始歌颂查理为"欧洲之父"或"欧洲灯塔"。法兰克的附属臣民并未分享这一欧洲愿景。在这个由他们赋予名义的王国，他们自豪地坚守着自己的优势地位。查理的顾问阿尔昆（Alkuin）于799年提出世界上的三大强权：教宗、皇帝和法兰克国王。因此，查理在征服意大利北部和中部的伦巴第王国之后，竟然还要将他的统治者头衔加长，就更令人诧异了。自774年起，他自称"法兰克人和伦巴第人的国王、罗马人的元老"。意大利的光芒让这位法兰克统治者深深着迷。

795年，利奥三世告知法兰克国王他的教宗选举结果，并将通往使徒彼得之墓的钥匙和罗马帆旗送给他。在罗马发生了一次骚乱后，他转而向查理求助，查理便于799年在帕德博恩（Paderborn）接待了他。这是王国的边境，地处刚刚被征服并实行基督教化不久的萨克森地区。在法兰克人的护送下，利奥得以在799年秋天回到罗马。一年之后，查理也跟随而至。可以推测，那时的皇帝加冕可能是商量好的。为了准备加冕，教宗在拉特兰宫（Lateran）最重要的接待场所三榻厅（Triclinium）中布置了一套镶嵌画，其内容根据后世不同的临摹版本得以复原。半圆形后殿中间呈现耶稣派出的众使徒，两侧各有一幕效忠场景。左侧图中，耶稣将钥匙①递给圣彼得，将拉伯兰旗（Labarum）递给君士坦丁大帝。右侧图中，圣彼得将披带递给利奥三世，将罗马枪旗递给查理国王。一段铭文上书："圣彼得，请赐予利奥教宗长命，赐予查理国王凯旋。"

根据两项较新的考察，查理的皇帝加冕未必是教宗与法兰克国王联盟所谋划的最高点。其一，在科隆的一篇笔记中，一位希腊使者在798/799年就把皇帝之位（imperium）给了查理。笔记只有寥寥数语，意义不清。难道这些法兰克人的男权社会认为帝位已经空缺，就因为东边的伊琳娜女皇（Kaiserin Eirene，797~802年在位）"只是"一介妇人？或者东方帝室面对着西方的上位者，想要用古代晚期东西二帝统治的方式与之妥协？对此，那短短几

---

① 原文此处误写作"披带（Pallium）"，译者与作者确认后作此修改。

行笔记无法提供清晰的信息。我们只知道，拜占庭之后把查理的皇帝统治看作篡位，并断然强调只有他们自己是罗马皇帝。其二，查理一直等到 800 年 12 月 25 日才进行加冕，这一点可以用末世想象来解释。在中世纪的纪年中，这个圣诞节标志了 801 年的开端，也是创世以来第七个千纪的开端，是七日节律的完成，人类在主内安息。只不过，凭借流传下来的如此贫瘠的文书，实在很难判断，在选择圣诞节作为加冕日时这些因素是否真的重要。

在一次在圣彼得大教堂召开的宗教会议上，教宗利奥三世通过起誓，洗掉了他的对手对他的所有指控，此后，教宗和宗教会议决定推举查理为皇帝。拥有皇帝的名义，查理在罗马的法庭上就能立于利奥的对手之上，对其加以制衡。那是他最后一次前往使徒之城罗马。尊位的升级被查理用来贯彻他对王国的统治。802 年，作为“最基督教的皇帝（allerchristlichster Kaiser）”，他要求法兰克人以“皇帝的名义（nomen caesaris）”对他宣誓效忠。之后，他开始马不停蹄地组织教会和司法，推动教育和学术发展，贯彻正当之事，准备上帝之国。八方使者云集于查理的王国。

达到与拜占庭分庭抗礼还需要时间。法兰克和拜占庭在亚得里亚海北部地区和达尔马提亚（Dalmatien）长期测试他们的军事力量。直到保加尔人（Bulgaren）对东罗马帝国的施压愈加频繁，皇帝米哈伊尔一世（Michael I，811~813年在位）才在812年的夏天派使者前往亚琛，呼查理为巴西琉斯。至此，西方的皇帝统治被承认了，他的罗马名字却并没有得到认可。当拜占庭统治者一以贯之地称自己为"罗马皇帝"时，查理和他的继承者在头衔中都放弃了任何与罗马的关联，这种情况一直持续到奥托二世（973~983年在位）时期。

尽管外交上大获成功，但是在边境受外敌威胁、诞下子嗣的希望受挫、身体日渐衰老虚弱的情形下，留给皇帝的时间并不多了。在最后几年，他以亚琛行宫为中心，召集他的宫廷顾问，为皇帝统治赢得嘉誉。两个儿子查理和丕平都先于皇帝查理离世，王国瓜分和皇位继承的安排因而失效。一方面，法兰克王国传统上由有治理能力的王子分国继承，另一方面，皇帝统治却不可分割，这两者构成的矛盾这时候还未被提上台面。813 年 9 月，他让唯一还活着的儿子（虔诚者）路易（逝于 840 年）从遥远的阿奎丹（Aquitanien）来亚琛短暂停留。在亚琛，他既安排了继承，也展现了法兰克人对皇帝统治的理解。

时隔不到 13 年，继位地点的选择明显表现了皇帝对罗马教宗加冕的背离。对此，重要文书再一次无法给出统一说法，不过，813 年所发生的事倒并非在法兰克人与教宗之间回忆相左。我们只有法兰克人的记录，即《法兰克王国编年史》和两份虔诚者路易的生平传记。尽管礼仪不同，文书勾勒的都是父子之间无比和谐的图景。在提甘（Thegan）的《虔诚者路易传》（*Gesta Hludowici imperatoris*）中，查理在亚琛行宫会议上问每个人，是否同意将他的名号，亦即皇帝名号（nomen suum, id est imperatoris）传给儿子。选举表决同意之后，查理在接下来的周日，即 813 年 9 月 11 日，戴上国王珠宝移驾马利亚教堂。他命令在教堂内摆上一顶金冠，且与他自己戴的有所不同。查理对儿子做了一番教导讲话，再三详述统治者的美德，并见证他效忠遵嘱的承诺。"接着，父亲命令他将祭坛上的金冠拿起来戴在自己头上，并铭记父亲给他的所有这些教导。他遵循了父亲的一切指令。随即他们听闻弥撒声，共同前往宫殿。去途和返途中，像每次在父亲身边那样，他都扶着父亲。数日后，父亲惠赐他许多贵礼，允许他返回阿奎丹。临别时，他们拥抱亲吻，为他们的爱喜极而泣。"

与提甘所述路易自己戴上王冠不同，艾因哈德、《法兰克王国编年史》及一篇不知名者撰写的路易生平传记描写的是查理为儿子戴上王冠。到底是父亲亲手授冠，还是儿子听从父命，已难以判定。不过，与800年罗马加冕仪式相比，这次明显存在有意的断裂：法兰克王国的亚琛成为新的加冕地，教会人员缺席，皇帝之位由父传子。也许他们正在效仿拜占庭皇位承袭无教会仪式的做法？

不久之后，查理大帝辞世，葬于亚琛行宫教堂。艾因哈德记录并流传下来的碑铭将皇帝统治与法兰克王朝进行了统一："在这座坟墓之下，安息着伟大的信奉正统宗教的皇帝查理，他崇高地扩大了法兰克人的国土，隆盛地统治了四十七年。他逝世时年逾七十，时值我们主的第八百十四年，即小纪之第七年，2月朔日的前五天。"①

在虔诚者路易治下，宫廷中精英往来交流，观念与形式随之发生改变。不过，对王国和皇帝统治构成最大挑战的，还是皇帝在两段婚姻中生育了四个儿子，而有三位都活到了他去世。早在 817 年，他就对继承作了复杂的规定。然而，那之后出生的第四子所产生的继承资格打破了原本考虑周密的规则，再一次将加洛林统治家族带到了混乱的边缘。到路易死时，王国与皇帝统治已经面目全非。法兰克人均分继承的传统在王国的新格局中依然需要保持。与此相对，在彼此间平等分治的统治区域中，高高在上、不可分割的皇帝统治势必就被削弱了。此外，君主权威急剧崩塌，王国贵族和教会的参与却日益重要。统治只能在国王与亲信达成

——————————
① 此处译文引自《查理大帝传》中译。

共识后才能进行，这一点甚至比从前更加明显。

最初，对皇帝统治和教宗统治之间的关系的解释还具有效力。当利奥三世于816年去世时，罗马人斯蒂芬四世升为教宗（816~817年在位）。对皇帝的尊重迫使他立刻动身翻越阿尔卑斯山，前往法兰克王国的中心地区。816年10月，皇帝路易和皇后埃芒加德（Irmingrad）在兰斯会见新的教宗。这个地点也是经过精心挑选的，主教雷米吉乌斯（Remigius）曾经在这里为第一位皈依基督教的法兰克国王克洛维（逝于511年）施洗，而路易（Ludwig）与克洛维（Chlodwig）同名。①法兰克人的文书强调了教宗的急切，以及皇帝接待来客时的高度尊敬。

提甘对首次会面如此叙述："使者之后，路易亲自迎向教宗。二人在兰斯的大平地相逢，皆下马。皇帝对最高主教三次俯下整个身体在地，在他第三次起身后，他问候教宗道：'奉耶和华名来的，是应当称颂的。我们从耶和华的殿中，为你们祝福。耶和华是神。他光照了我

---

① 两者为同一名字在语言发展的不同阶段的不同写法，Chlodwig 是 Ludwig 的早期形式。

们。'（《诗篇》118：26－27）①教宗答：'称颂我主，因他我的眼睛已经看见第二位大卫王。'（此处化用了《西面颂》②的句子）他们互相拥抱并和睦地行亲吻礼，随后走向教堂。长祷之后，教宗起身，和他的同行教士共同高声致以专门为国王书写的颂词。"接下来几日，他们相约会谈，相互邀请，并相互惠赠最高规格的礼物。随后的周日，教宗在兰斯大教堂为路易膏立并进行皇帝加冕："在接下来的周日，在弥撒前，教宗在教士和所有人面前为他行圣礼，膏立他为皇帝；教宗带来一顶镶嵌有无价珠宝的绝美金冠，并为他戴上。对王后埃芒加德，教宗称以皇后，也为她戴上金冠。"

路易的第二次皇帝加冕让教宗重新拥有能够推举皇帝的权威，哪怕地点已经无法定在罗马的使徒之墓，那么至少也要在法兰克王国的

---

① 　此处译文引自《圣经》和合本。

② 　《圣经·路加福音》中西面的祷告，也是《路加福音》围绕耶稣诞生所记载的第四首颂歌，俗称《西面颂》："主啊，如今可以照你的话，释放仆人安然去世。因为我的眼睛已经看见你的救恩。就是你在万民面前所预备的。是照亮外邦人的光，又是你民以色列的荣耀。"（《路加福音》2：29-32）

兰斯。如今我们已经知晓他之后的屈服，对比之下，816年的兰斯之举可被视为这位虔诚的弱者的一次非必要的让步，毕竟凭借在亚琛封皇的想法，强势的父亲已经给了他一次使加洛林独立于教宗的机会。然而，这一批评并不适于当时认为统治合法性应由宗教神圣仪式来赋予的观念世界。

皇帝在817年与下一任教宗帕斯卡尔一世（Paschalis I，817~824年在位）结成联盟。这一联合上接此前的法兰克与教宗的约定，也为罗马教会保证了产业和主权。在教宗获准拥有司法裁判权时，皇帝也保留了调停权（Interzessionsrecht）。这使得皇帝可以对教宗的任命产生影响。罗马人虽然获得教会选举的权力，但当选者必须告知皇帝他的升任，并且确认维持与法兰克人统治者的纽带。

虔诚者路易在兰斯膏立时并未许诺。817年，他也在承载着悠久传统的城市亚琛进行统治权的家族传接。与王国贵族以及他的三个儿子——洛塔尔一世、路德维希二世①和丕平一

---

① 即日耳曼人路易。

起，他以慎重坚定、绝不背弃的态度起誓并颁布了一项继承安排，即后世所称的《帝国御制》（Ordinatio imperii）。只有长子洛塔尔可以继承皇位，并排在两位幼弟之前。与法兰克人诸子均分的旧传统相比，日耳曼人路易和丕平获得的统治范围缩小了很多。817 年确定的王国疆土也不能被继续再分。获得贵族赞同后，虔诚者路易像 813 年一样，没有经过教会之手，直接将皇位传给了儿子。

817 年时，皇帝统治的重要性还大过让王朝与法兰克王国保持统一。可是，新结构未免太快就显现了最早的裂痕。823 年，路易与皇后尤迪特（Judith）的第二段婚姻诞下了第四个儿子，即（"秃头"）查理二世。为了把他在法兰克王国中应得的一部分传给他，诸位兄长只能相应承受代价。皇后尚在孕期时，承父之命在意大利统治的洛塔尔接受教宗的邀请前往罗马。复活节时在圣彼得大教堂，洛塔尔获得"帝王冠冕，接受奥古斯都和皇帝之名"（《法兰克王国编年史》）。公元 800 年的圣诞节之后，使徒之墓所在之处终于再度成为加封皇帝的宗教仪式举办地。

中世纪在罗马进行皇帝加冕的传统从823年开始并一直持续，中间只有892年兰贝托（Lambert）在拉文纳加冕这一次例外。回过头来看，洛塔尔的圣彼得墓之行确立了两项规则：一是罗马是当时唯一的皇帝加冕地，二是只有教宗拥有行膏立之礼的权威。即使教宗缺席了路易四世在1328年的第一次加冕，人们也认为这是个例外，并且出于对正统仪式的渴求，很快就要让一位对立教宗"按规矩"再对他加封一遍。

洛塔尔回到父亲那里时，正逢幼弟查理出生。虔诚者路易和尤迪特想要让这位副帝参与到家事之中，让他做孩子的教父。不过，当这对父母自829年起想要分给查理属于自己的继承领地时，加洛林的家族和睦破裂了。数年间，皇父和几位儿子之间阵营变化不断，或与这位结盟，或与那位对攻。833年，虔诚者路易不得不公开忏悔并放弃皇位，朝野为之震惊。查理大帝去世不足二十年，加洛林家族皇帝威望的下滑已经再明显不过了。在苏瓦松（Soissons），

（虔诚者）路易一世当着几位年长儿子、神职人员、贵族和众多围观的法兰克人的面，在祭坛前伏倒在地，一遍遍大声忏悔自己统治不当。主教递给他一份历数他各种过失的清单。路易将这份诉状和他的剑带一起放在祭坛上，接过赎罪袍并接受被逐出教会这一决定。就在他身处屈辱和罪罚的深渊时，命运之轮转动了。835年，路易一世重又夺回主动权，洛塔尔一世却陷入被动的境况。长期的不确定性是那个时代的烙印。几番党争和派系轮换下来，皇帝统治逐渐丧失优先地位。

840年6月20日，虔诚者路易在英格尔海姆（Ingelheim）附近的莱茵河小岛上辞世。在他去世的这一年，法兰克王国的状况同查理大帝去世时的814年相比，简直有天壤之别。不知名作者所书的虔诚者路易生平传记中还记录了他最后将皇冠和镶金嵌玉的宝剑送给了洛塔尔，以保皇后尤迪特和他们的儿子查理平安。阵营变化不断的手足之战一直持续到843年签订《凡尔登条约》，彼时争斗各方都已精疲力竭。在841年惨烈的丰特努瓦之战［Schlacht bei Fontenoy，在欧塞尔（Auxere）附近］中，众多法兰克精英丧命，日耳曼人路易、查理二世两位弟弟向皇帝洛塔尔一世证明了他们的优胜。842 年的《斯特拉斯堡誓言》强化了他们的联盟。两位国王相互用对方军队的语言——古高地德语和古法语——宣誓效忠。

842 年起，三兄弟各派 40 名全权代表组成委员会，形成均分王国的基础。得到贵族同意后，洛塔尔一世、日耳曼人路易和查理二世于 843 年 8 月初在凡尔登确认和解。他们并没有预想到，这次友好结盟塑造了欧洲历史。《凡尔登条约》定下了后来东法兰克王国和西法兰克王国的国界，也就是未来德国和法国之间的国界。国界的划分并非依据地理、语言、教会或族群的既有状态。兄长洛塔尔率先动手划分。他为自己选择了从弗里斯兰（Friesland）经西阿尔卑斯山脉直到意大利的国土，并包含作为加洛林皇帝统治中心的亚琛和罗马。莱茵河以东的地区归日耳曼人路易，包括美因茨、沃尔姆斯和施佩耶尔（Speyer）。斯海尔德河（Schelde）、马斯河（Maas）、索恩河（Saône）及罗讷河

（Rhône）以西则归查理二世。

对当时的人来说，国土划分可能如同一条事件长链中具有偶然性的一环。可是，843年的《凡尔登条约》却产生了持久的影响。一开始，加洛林家族的兄弟同盟还想再现法兰克王国的统一。长寿的日耳曼人路易和查理二世在之后三十年的统治过程中有时合作、有时对抗，稳固着他们的新国家。唯独中部王国的皇帝洛塔尔一世抱有帝国优先的理念，却渐渐走了下坡路。在他于855年离世时，他的国家分给了他的三个儿子。这三位分别于863年、869年和875年辞世，且都无合法继承人，因而这些国土在880年归入加洛林家族的东法兰克王国一支。

此前，洛塔尔一世试图为他的儿子路易二世①、洛塔尔二世和查理保住他分得的国土和不可分割的皇帝统治。他自己专注于阿尔卑斯山脉以北的地区，同时将意大利托付给长子小路易二世。小路易二世前往罗马，去教宗塞尔吉乌斯二世（Sergius II，844~847年在位）那里强化法兰克人的权威。844年6月8日，他在圣

---

① 意大利的路易二世（825~875），也称作小路易二世。

彼得大教堂的台阶上被教宗和僧侣以皇帝之礼接待。小路易二世握住教宗的右手，二人一同走进教堂。一周后，塞尔吉乌斯为小路易二世膏立，加冕其为伦巴第国王，并配上国王之剑。在身为皇帝的父亲要求下，利奥四世（Leo IV，847~855 年在位）于 850 年的复活节在罗马圣彼得大教堂膏立小路易二世，加冕他为副皇帝。851 年起，洛塔尔一世把阿尔卑斯山脉以南的国土完全交给了儿子。通过与帕尔马伯爵（Graf von Parma）之女安吉尔伯加（Angilberga）联姻，路易在意大利稳稳扎根。

洛塔尔一世于 855 年 9 月 29 日离世，此前不久，他去了普吕姆修道院（Kloster Prüm）隐修。他和儿子洛塔尔二世的统治给历史留下了洛林（Lothringen）这个地区名称。不同于查理大帝与虔诚者路易，他的皇帝尊位不再以在拉丁基督世界占据霸权位置为前提。拥有意大利直接打开了通向罗马加冕的大门。

第四章　意大利的胜利

（855~924 年）

最初，洛塔尔一世作为副帝共同施行统治，还能将被划分的法兰克王国联结在一起。自从法兰克王国兄弟阋墙、843 年签订《凡尔登条约》以来，各个分国走上了自己的道路。加洛林兄弟定期会面、承担共同责任的想法只短暂维持了一段时间。到 855 年洛塔尔去世时，已经出现了五个王国：皇帝逝世后一分为三的中法兰克王国，以及东法兰克王国和西法兰克王国。皇帝统治与曾经的大国三分再三分之后所得的意大利地区保持着关联。小路易二世（逝于 875年）通过宣称这一点而与他的两位叔叔日耳曼人路易（逝于 876 年）和查理二世（逝于 877 年）对立。对于后二者来说，只有幸运得到男性子嗣，王国才能存活、延续。然而与此相对，洛塔尔一世的王国到他三个儿子那一代却不得不走向终结。东西法兰克王国的统治者觊觎着他的遗产和皇位，开始了漫长的争夺。875 年，西法兰克王国短暂得手，紧接着，东法兰克王国就在 881 年和 896 年告捷。直到 924/925 年，皇帝统治的持续变化以及洛塔尔的国土的归属问题，都表现了法兰克人在政治行动上的立场和结盟的多样性。随着昔日的大国缓慢瓦解，中世纪王国和后世民族被逐渐重塑。

决定性的政治举措发生于 9 世纪中叶。日耳曼人路易和查理二世在东法兰克与西法兰克的王国有着不同的、偶然性的起源，如今正逐渐稳固下来。最初，王国以国王之名来命名，后来它们很快就为重要的贵族联盟提供了新的认同空间。如今，现有边界让新的王国取代曾经法兰克庞大王国的宏大框架成为开展政治活动的空间。在这影响深远的几十年里，小路易二世作为皇帝统治着意大利。《教宗列传》有意如此记载：858 年，像丕平在 754 年那样，小路易二世两度为新当选的教宗尼古拉一世引马；皇帝就像随从一样步行为骑行的教宗引马，作为从属的象征。他与教宗和贵族精英的统治联盟构成了皇帝统治的历史。这些贵族精英原先来自法兰克、巴伐利亚和阿勒曼尼地区，长久以来已逐渐在阿尔卑斯山脉南部的土地扎根。拥有意大利，且由教宗加冕奠定统治，这两者构成了统治的根本。

眼见路易即将不久于人世，却无男性子嗣，两位叔父都觊觎他的遗产。查理二世目标明确地筹备他的候选资格，让教宗哈德良二世（Hadrian II，867~872 年在位）和约翰八世（Johannes VIII，872~882 年在位）秘密地保证为他加冕。当小路易二世于 875 年 8 月 12 日离世时，教宗约翰八世邀请西法兰克国王前去加冕。他比东法兰克的兄弟快了一步。就是这片刻偶然，成就了历史上西法兰克王国的唯一一次皇帝统治。在之后的几百年里，不少法兰西君王或王子渴求一次罗马皇帝加冕却无果。在查理二世皇帝加冕 929 年后，才有拿破仑一世在非常不同的情形下登上法兰西的皇帝之位。中世纪早期的政治举措还能产生于政治意外，不具备统一的模式，甚至完全没有合法的强制力。

查理二世果断动手，阻止了东法兰克人的觊觎，并快速翻越阿尔卑斯山，保证了他在875年圣诞节于罗马圣彼得大教堂进行皇帝加冕，彼时正好是他的同名祖父查理大帝建立西方皇帝统治的75年之后。他的兄弟日耳曼人路易在失望之下攻进西法兰克王国，并于同一日示威性地在查理的阿蒂尼行宫（Pfalz Attigny）庆祝节日，实际上却无法真的在那里宣告任何事情。圣诞节成了法兰克人内部竞争的权力展示舞台，在罗马与阿蒂尼、查理二世与日耳曼人路易之间，西方在875年赢下一程。不过，两位日渐年迈的查理大帝之孙的争斗并不能让法兰克人的历史遗忘这第五次皇帝统治权的授予者。教宗约翰八世在两位同样尊贵的候选人中进行了自由选择，然后于875年举行皇帝加冕仪式。此前，教宗似乎只进行点缀性质的宗教仪式，这里却第一次掌握了行动的大权。

新皇帝并没有如教宗所望，迎着撒拉森人

的威胁向意大利南部进军，而是试图将小路易二世曾经的权力位置坐稳。这样，教廷的期待和皇帝可能作出的选择之间出现了分歧。皇帝统治对帝位拥有者来说意味着头衔，而非为了效忠教宗而要冒的不可估量的风险。愿望与实际不一致，失望由此滋生。皇帝统治的主宰世界之梦触碰到了它的可行性的边缘。意大利北部与中部作为帝国的"共振板"，对扩张来说已经足够诱惑了。

876年2月，在帕维亚（Pavia）召开的国家会议宣布查理为意大利的守护者和保卫者。为了在表现上符合这一称号，他委任妻舅维埃纳的波索（Boso von Vienne）为自己在意大利的代表。波索娶了皇帝小路易二世之女意大利的埃芒加德（Irmingard）为妻，并以此稳固自己的地位。关于对西法兰克国王的突击，东法兰克王国的《富尔达修道院编年史》（*Annales Fuldenses*）愤怒地评论道："（查理）违背了他的诺言，以他最快的速度奔向罗马。他像朱古达（Jugurtha）一样用金钱收买了整个罗马人民的元老院，赢得了它的支持，就连教宗约翰也因此听从了他的恳求，为他戴上皇冠，称他为皇帝和奥古斯都。"这份记述对皇帝和他的风格明显持保留态度，毕竟对富尔达修道院的品味来说，在文化上太过于多元化了："据传言，当查理皇帝由意大利返回高卢时，穿着新的奇装异服……他蔑视所有法兰克国王的规矩，却认希腊的奢华为最佳，为了表现他地位上升的自豪，他不再使用国王头衔，而让海这边所有国王都称他为皇帝和奥古斯都。"

皇帝统治如今对法兰克人的政治来说已成为特洛伊的金苹果。在与东法兰克亲戚的武力交锋中，查理二世于876年在莱茵河畔的安德纳赫（Andernach）大败。西法兰克的贵族很快离他而去。当皇帝自己的忠臣也拒绝支持时，877年的第二次意大利之行也落空了。877年10月6日，查理二世在流亡经过阿尔卑斯山时，死于萨伏依的小镇阿弗略（Avrieux）。他先被临时埋葬在楠蒂阿修道院（Kloster Nantua），遗体后来被运至西法兰克圣但尼王室修道院。对其逝世和入葬的记载展现了当时流行的一种偏见。《圣伯丁修道院编年史》（*Annales Bertiniani*）将他暴毙于陋室归罪为身边犹太御医的毒杀。即使用大量酒和香料处理，尸体散发的味道依然臭不堪闻，乃至无人愿意搬运。在皇帝不光彩的死亡中，当时的人看到了他碌碌无为的一生。

查理二世之子路易二世（"口吃者"）[1]继承了西法兰克的国王之位。不过，皇帝统治却没能很快得到延续。口吃者路易二世没有赴教宗的邀约。虽然东法兰克的三位兄弟——路德维希三世（"青年路易"）、卡洛曼（Karlmann）和查理三世（"胖子"）——都懂得如何强势登场，青年路易和卡洛曼却相继殁于加洛林晚期的一种可怕疾病。还活着的胖子查理因此应教宗之邀前去意大利，并于880年在拉文纳接受意大利的王位。881年2月，他和妻子里希加尔达（Richgarda）一起，"以无上之荣"在罗马圣彼得大教堂被膏立为皇。回头看，此举也可被看作东法兰克皇帝传统的孱弱开头，虽然它在这之后就因四位意大利统治者的皇帝加冕而断裂。从胖子查理到奥托大帝及他东法兰克—德意志的皇冠继承者之间并非一脉相承。

---

[1]　Louis II de Bègue（846~879）。

　　朝代之间的偶然事件让法兰克的庞大王国在胖子查理治下再一次成为一个整体。885 年，西法兰克的加洛林一支嫡系眼看要绝嗣，贵族于是将查理召唤入庭。他尝试了三年，试图跟上他伟大的曾祖父的步伐。外有诺曼人和撒拉森人的威胁，内有王国不同地区逐渐增强的独立性，而胖子查理的无能与日俱增，这一切却只是证明，命运之轮不会转回来了。查理的侄子克恩滕的阿努尔夫（Arnulf von Kärnten）发动政变，于 887 年将皇帝推下帝位。查理还想尝试让他的私生子伯恩哈德（Bernhard），或让他于 887 年收养的养子，即波索与加洛林皇女埃芒加德之子路易（即后来的"瞎子"路易三世）成为继承人，皆以失败告终。

　　888 年，法兰克王国终于一分为五。在东法兰克王国，加洛林家族的最后两位君主一直统治到 911 年，其后是康拉德家族的一人在 911~918 年实施统治，以及鲁道夫 / 奥托家族（Liudolfinger/Ottonen）在 919~1024 年实施统治。在最初整整一百年里，口吃者路易二世有一支在合法性上尚存争议的后代血脉与新的罗贝尔 / 卡佩王朝（Robertiner/Kapetinger）争执不断。987年，后者终于得到普遍认可，且其男性一支一直守护着法兰西王位直到1789年，1814年至1848年又经历复辟。在意大利，两位国王——斯波莱托的圭多（Wido von Spoleto）与弗留利的贝伦加尔（Berengar von Friaul）——以及他们的后代互相争夺着地位高低。在阿尔卑斯山脉西部地区，888年到1032年间有四位韦尔夫家族（Welfen）的国王统治着新兴的勃艮第王国。这个新的国王家族在为加洛林王朝效劳中晋升，因为与加洛林家族的公主联姻，家族也能追溯到与查理大帝的某种亲缘关系。这样看来，加洛林王朝也算是以远亲的形式延续了下来。

尽管如此，同时代的人依然能感受到断层。统治者们的一系列令人迷惑的举措让清晰的发展脉络变得模糊。阿努尔夫宣称他自己和东法兰克王国具有政治优先权。可是意大利的统治者又重新赢得皇帝之位。当斯波莱托的圭多（逝于894年）将他的对手弗留利的贝伦加尔逼到亚得里亚海北部后，他让原先的反对者教宗斯蒂芬五世（Stephan V，885~891年在位）在

891 年 2 月 21 日为他加冕。在文书中，圭多称他的妻子阿洁特鲁德（Ageltrude）为"我们帝国的皇后和伴侣（imperatrix et consors imperii nostri）"。他干劲十足地稳固自己的新皇位，提拔其子兰贝托（Lambert，逝于 898 年）为副王。892 年 4 月，教宗福尔摩赛（Formosus，891~896 年在位）在拉文纳将兰贝托加冕为副皇帝，这是中世纪最后一次不在罗马进行的皇帝加冕。父子一同再度续上皇帝与罗马教会的约定。

圭多死后，东法兰克国王阿努尔夫却插手意大利，为自己争夺通向罗马之路，包围并占领了这座城市，兰贝托战败而逃。富尔达修道院的编年史作者将自己国王的胜利美化为对教宗的解救行动，为了感谢阿努尔夫，教宗于 896 年在罗马的圣彼得大教堂为他进行皇帝加冕："如天主所命，国王大军不费一兵一卒，当夜幕降临，以光荣胜利征服最牢固、最高贵之城，将教宗和罗马从敌人手中解放……现在，教宗以父之爱，在我们称为'圣彼得台阶'之处、天国之前迎接国王，尊敬、满怀喜悦地带他走进使徒圣彼得的教堂。按照前人加冕皇帝的传统，教宗为他戴上皇冠，称他为皇帝奥古斯都。一番仪式过后，所有罗马人民在圣保罗前宣誓对皇帝效忠。"[①]

　　阿努尔夫的登帝造就了西方历史上第一位对立皇帝。不料，在权力的顶点时，他忽然中风，严重瘫痪，使他一直到 899 年都几乎丧失行动能力。病中的皇帝很快被带回阿尔卑斯山的另一边。即使在东法兰克享有盛誉，阿努尔夫的皇帝统治在意大利的历史书写中却几乎没有留下任何记录。皇帝兰贝托和国王贝伦加尔利用意大利的政治真空，在 896 年协商共同统治。不过，兰贝托死后，贝伦加尔也还没有升为皇帝。加洛林家族与教会的传统权力联盟最后一次越过不明确的国界掌控权力，是皇帝小路易二世的外孙路易三世（瞎子路易）前往意大利之时——887 年，他就已经是胖子查理最瞩意的继承人。901 年，很可能在罗马圣彼得大教堂，教宗本笃四世（Benedikt IV，900~903 年在位）亲手为他戴上皇冠。仅仅四年后，皇帝就眼看运势离去。905 年 8 月，他落入贝伦加尔之手，被刺瞎双眼。皇帝成了盲人，不再有治理能力，

──────────

① 此处中文翻译由译者根据本书德语译文译出。

被意大利的权力角逐所弃。多年之后，也许是928年，他在普罗旺斯辞世。

残暴赶走路易十年后，贝伦加尔获得了他想要的回报。915年11月底或12月初，教宗约翰十世（Johannes X，914~928年在位）在罗马圣彼得大教堂为他加冕，与他确认教宗与皇帝之间的协定。动荡时代中，924年4月7日，他在维罗纳被手下刺杀身亡，皇帝统治草草收场。意大利王国陷入了加洛林后代贵族群雄争夺王位的境况。众人轮番称霸，先是洛塔尔家族国王洛塔尔二世的后代——于格（Hugo）和洛塔尔（逝于950年）父子，再是皇帝贝伦加尔一世的后代——贝伦加尔二世与其子阿达尔伯特（Adalbert，逝于972年或975年）。924年之后，就很难再看到加洛林家族成员或拥有一半加洛林家族血统者登上皇位了。由于历史中的皇帝统治长期与法兰克王国或法兰克人的后代王国相联系，855年开始，对意大利的稳固占有与教宗的邀请就成为皇帝加冕最重要的前提。几乎过了40年，才又等来一位有力的统治者能够满足这些条件。

第五章　新的中心

（919~1056 年）

在将近 40 年后的 962 年 2 月 2 日，东法兰克国王奥托一世在罗马圣彼得大教堂的加冕延续了西欧的皇帝统治。一直到 1806 年神圣罗马帝国终结，皇帝之位一直与东法兰克—德意志王国相联系。这一联系既深刻影响了皇帝统治，也影响了国家。自 982 年起持续使用着的罗马皇帝称号在 11 世纪之后也开始影响国王头衔。渐渐的，南至阿尔卑斯山脉，北至北海，西至马斯河，东境一直在扩张的王国的统治者开始自称"罗马人的国王"；自亨利五世（Heinrich V）起，这个称号甚至逐渐形成体系。帝国甚至带给国王一种充满诱惑的可能，以至于发展一种民族君主国都显得不大有必要。几个世纪里，他们都按照荣升为皇帝的目标来进行筹划，在帝国名称中加上阿尔卑斯山脉另一边的遥远城市。与之竞争的还有不少来自自己或他人的称号，这些名称如法兰克、萨克森、日耳曼、阿勒曼尼或施瓦本，是从不同视角为这座地处欧洲中心的帝国命名。稍后加上的"德意志"最初被用来指称语言，后来才被用以指人民和国家。

奥托一世962年的建业之举为欧洲国家与民族的历史带来长远影响。自963年起，教宗与皇帝更加细化他们彼此相反的权力诉求：一个是对世俗，一个是对通向上帝之路。双方为了平起平坐，或者甚至是为了一争高下，都持续对仪式进行了改变。两种普世权力之间交织着共识与纷争，一次次推动政治和理论的探索。与世界其他地方相比，持续不断的冲突和矛盾是欧洲中世纪的时代印记。辩证思维、个体性与世俗化就在这样一种怀疑文化中诞生。

奥托距离罗马皇帝加冕曾有漫漫长路。919年，他的父亲亨利一世（Heinrich I）获得国王之位。东法兰克王国的统治重心因此北移，由弗兰肯地区转移到萨克森地区。亨利的家族被称作鲁道夫或奥托家族，扎根于哈茨山一带。科维（Corvey）、甘德斯海姆（Gandersheim）或奎德林堡（Quedlinburg）以及之后的马格德堡（Magdeburg）、梅姆雷本（Memleben）、梅泽堡（Merseburg）是他们重要的记忆场所。962 年之后，这里进行过一次重要的历史书写，从萨克森人的崛起讲到伟大的当下。从在萨克森时起，亨利就在东法兰克王国收获人心，并兼用军事武力和友谊结盟，将诸位公爵纳入自己的关系网。对非基督教的斯拉夫人和马扎尔人的一次次胜利证明了新国王的好运与强干。在建立如此功绩之后，936 年，法兰克人诸子分国的传统不再被延续，长子奥托一世接过了国王统治权。选王与加冕地点选在亚琛，将延续加洛林王朝的意愿表露无遗。新国王的施政纲领向查理大帝看齐，也因而释放了与众加洛林后代王国竞争的信号。

奥托以极大的韧性克服了内忧外患，在王国内处处彰显他的治国能力，并一再插手西法兰克、勃艮第、意大利这些邻国的内部龃龉。951 年与 955 年的两次胜利进一步改变了国王间的位次结构。

950 年洛塔尔国王去世，贝伦加尔皇帝的后人——伊夫雷亚的贝伦加尔二世（Berengar II von Ivrea）与其子阿达尔伯特（Adalbert）接过了意大利的王冠。不过，奥托一世也以法兰克王国权力联盟的名义，于 951 年动身越过阿尔卑斯山。他很快就赶走了对手，亲自开始国王统治；流传下来的历史文书中没有正式的加封记录。他的宫相追溯了查理大帝的旧统治头衔，拟了"法兰克人和伦巴第人的国王"和"法兰克人和意大利人的国王"的称号。896 年以来，东法兰克和意大利第一次统一在一位君主名下。奥托与丧夫的意大利王后阿德莱德（Adelheid）的联姻更是为这一权力带来合法性。奥托的第一位妻子，来自威塞克斯（Wessex）的盎格鲁—撒克逊王女伊迪丝（Edith），已在 946 年去世。与勃艮第王女、富有的意大利王后阿德莱德的第二次联姻，为奥托开创了罗曼语世界的前景。阿德莱德先是王后，再是皇后，自信地与丈夫并肩共治。从她开始，10 到 11 世纪出现了一个形象鲜明、对政策制定影响不凡的皇后群体。用古老的意大利尊称"帝国的共治者（consors imperii）"来表现她的重要性可谓恰如其分。

951 年，奥托未能按计划前往罗马。4 年之后，他击败异教徒马扎尔人建立了常胜功名。955 年 8 月 10 日，他的臣民在奥格斯堡附近的莱希费尔德（Lechfeld）庆祝了一场盛大的凯旋，这次胜利将对从亚洲侵入欧洲的马扎尔人转为定居，以及对他们的基督教化产生长远影响。如今，对诺曼人、撒拉森人、马扎尔人的入侵的恐惧已不复存在。圣枪①在手（这件无价圣物藏着耶稣受刑十字架的一根钉子），国王预言了一段和平的光辉年代。历史书写者阿达尔伯特（Adalbert）称，"如此大捷发生在我方，属于我方"，可谓前无古人。科维的维杜金特（Widukind von Corvey）在其《萨克森人史》

---

① 即朗基努斯之枪，传说在耶稣被钉于十字架上之后，一个名叫朗基努斯的罗马士兵为确认耶稣已死而用长枪刺入其侧腹，血水溅入他的眼睛，治愈了他的失明，使之大为震动，后成为一名修士。这支长枪成为圣物，后自查理大帝起一直留传于神圣罗马帝国皇帝手中。

（*Die Sachsengeschichte*）中称："此前两百年未见有王获如此大捷。"这等盛赞下，就连查理大帝也要逊色几分。

史家又视加封之举为此大捷的高潮。就像他的父亲亨利战胜马扎尔人之后那样，这支战功显赫的军队也将奥托拥立为"国之父与皇帝"。书中有关古代军队举盾拥立罗马皇帝的故实如今为皇帝统治提供了一套新模式，即只论功绩，而无须教宗和罗马参与："皇帝为军队所立。"因此，维杜金特坚持不提之后教宗在罗马为皇帝加冕之事，可谓萨克森人以自己之道成为欧洲人民之首的自觉。

奥托距离真正实施皇帝统治还有将近7年，他还需要教宗的邀请。960年，教宗遣使者到奥托的宫廷，控诉贝伦加尔与阿达尔伯特利用奥托不在的时机拓宽自己的势力范围。踏上翻越阿尔卑斯山脉的险途之前，奥托将他正值青春期的儿子选为副皇帝。961年过圣诞节的时候他已经身在帕维亚。之后，奥托一世在罗马被教宗约翰十二世"以极其华丽和不寻常的场面接待，并被这位最高主教、普世教宗约翰膏立为皇帝"（Liutprand von Cremona）。

这一时期，维护传承的圣秩（Ordine），即制定皇帝加冕仪式规制的礼仪书第一次形成。礼仪规定的续写和修改贯穿了整个中世纪，表面上看似如一，实则处于动态发展之中的礼仪，一直跟随统治观念发生改变。如果把记载着中世纪皇帝加冕的各种圣事的20多个抄本拼成一张快照，我们或许能够看到这样一幅图景，它描述着中世纪盛期与晚期理想的礼仪流程。一般来说，国王从他在马里奥山（Monte Mario）的营地出发，经过凯旋大道（Via triumphalis）到达圣天使堡的科利纳大门（Porta Collina），在这里他发誓遵守罗马人的法律与习惯。僧侣与罗马元老将他引至圣彼得大教堂的台阶，教宗在最高一级台阶处相迎。1111年起，国王对教宗行吻足礼，再由教宗将他从原先的俯伏状态扶起，拥抱并亲吻，作为他们地位平等的标志。进入教堂之前，统治者宣誓保卫教宗和罗马教会的权利与领地。然后，在《垂怜经》（Kyrie eleison）的歌声中，人们踏进圣彼得大教堂。教堂里，奥斯蒂亚（Ostia）

的枢机主教为新晋皇帝涂膏于右臂及肩胛骨之间。移交皇权神器（权戒、势剑、权杖、皇冠、宝球）后，先在圣莫里斯祭坛，再于主祭坛前进行加冕，同时奏响皇帝赞歌。加冕之后，皇帝大多加入圣彼得大教堂与拉特兰圣约翰大教堂的教士会，成为教士的兄弟。12 世纪起，在弥撒之后，皇帝在公众面前为教宗引马。他为教宗扶好马镫，助教宗上马，再步行为骑马的教宗牵引一段。这两个动作都表达了侍从对主人的从属。接着，教宗与皇帝一起骑马从圣彼得大教堂前往拉特兰的圣约翰大教堂；中世纪晚期，皇帝还在圣天使桥将特殊护卫册封为骑士（1312~1452 年）。最后，众人宴饮于拉特兰。

基于礼仪书，我们大体可以得出这一流程，尽管现实情形往往远比此复杂。高位和低位的象征也随着皇帝与教宗的地位关系而改变。1084 年至 1328 年，罗马出现了不同原因的叛乱，光天化日之下暴力横行，礼仪书中记录的离开圣彼得大教堂之后赴拉特兰设加冕宴一度无法实现。

962 年，奥托一世显然还不必忍受象征性屈服所带来的窘迫。对新的尊位踌躇满志，他继续在档案中留下"上帝恩慈庇佑下的高贵的皇帝"的记录。在臣民面前，他使用了全新的火漆印章图像，即不再像前朝用侧面像，而是直接展示了正面的戴着皇冠的形象，右手持权杖，左手持宝球。皇帝的半身像睁大双眼直视观者。在普遍缺乏书写的社会，对统治权威的展现在统治者画像的变化中完成了转变。善战的国王变成了一位吸引着观看者的雍容皇帝。新的印章也在欧洲建立了新的图像传统。

962 年 2 月 2 日的加冕庆典过后，皇帝与教宗开始安排合作。962 年 2 月 12 日，约翰十二世向萨克森、高卢、日耳曼尼亚与巴伐利亚的僧侣和人民宣布，由于迎击异教徒战功彪炳，奥托升为皇帝之尊。此外，教宗批准马格德堡的圣莫里茨修道院升为大主教区，新建立梅泽堡主教区，但两者直到 968 年才得到落实。973 年，奥托一世在美轮美奂的马格德堡大教堂长眠。

962 年 2 月 13 日，皇帝向教宗开出一份华贵的紫色公文（Purpururkunde）①，即《奥托特恩权》（Ottonianum）。它保证教宗的领地财产，重申加洛林先人丕平和查理的承诺，规定教士如罗马人民一样进行教宗选举，并命令新当选的教宗在圣职典礼之前宣誓效忠皇帝。《奥托特恩权》让圣彼得的继承者受制于皇帝的教会政策，教会政策则成形于皇帝对阿尔卑斯山脉以北王国几乎所有大主教、主教、帝国隐修院院牧（Reichsäbte）发出的这篇指令。此时，皇帝也将教宗束缚在了自己的统治里。

毫无疑问，期望教宗会保持忠诚只能是徒劳无功的。在一些最关键处，新皇帝搞错了，比如他误以为约翰十二世可靠、对手软弱、意大利人忠诚。三种现实与期望相悖，对接下来的所有皇帝都将是一场考验。站在阿尔卑斯山脉以北的角度，人们大概很想将此归罪为意大利人或者教宗的背叛。事实上，上演了几百年的政治冲突都深深源于两者语言和理解之间的

---

① 紫色公文是中世纪时期书写在染成紫色的羊皮纸上的一种公文，因自古代以来，紫色颜料就十分难得，这种颜色成为尊贵的象征，为中世纪皇帝在一些高级别的文书中所用。

种种隔阂。皇帝一次次追往意大利，因为只有东法兰克—德意志的权力能带来短暂安宁。意大利的梦魇却与日俱增，因为真正意义上的利益协调与合作实在很少发生。奥托的经历如同凹面镜一般捕捉到中世纪的所有矛盾：自认为是维护秩序的帝国统治，却对地区认同缺乏理解；统治理念突破了权力的可行上限，却没有有力的武装支持；思想上无限拔高，现实中庸庸碌碌。

一言以蔽之：约翰十二世很快就后悔对新皇帝轻浮示好，转而支持他的敌人。奥托一世大失所望，在 963 年罢黜了背信弃义的教宗，并提拔利奥八世（Leo VIII，963~965 年在位）为新任教宗。与之后相同，这次教宗圣名的选择显然是经过考量的。利奥八世之名可上溯至西欧皇帝统治的发起者利奥三世。罗马人却把约翰十二世接回，并在他死后又选了本笃五世（964~966 年在位）为教宗。奥托带着军队血洗罗马，将对手贝伦加尔国王和王后以及他们的教宗本笃流放到"世界尽头"，直至帝国东部和北部的边境班贝格和汉堡。只有凭借武力，皇帝才能将新教宗约翰十三世（965年~972年在位）扶稳。

这一回合交锋之快，掩盖了事实上问题的严重性。圣彼得的后继者中虽然不乏饱经动乱之人，但是由一位皇帝通过宗教会议将一位教宗罢免，并以闻所未闻的暴行镇压罗马的反抗，却是第一次。东法兰克的编年史家却将此表彰为统治者的正义。然而，根据教会法，教宗之上只有上帝才能是审判者，963年的罢黜是对正义的违背。中世纪教宗与皇帝的关系再也没能从这场干预的影响中走出。对教宗来说，这是最高之罪，对皇帝来说，这却是正义的成全。

奥托的皇帝统治为拜占庭的巴西琉斯带来挑战。在第三次意大利之行（965~972年）中，奥托甚至在967年闯进拜占庭的势力范围卡普阿（Capua）与贝内文托（Benevent），竞争进一步激化，直到拜占庭皇位交接之后才获得安宁。新皇帝约翰·齐米斯基斯（Johannes Tzimiskes，969~976年在位）甚至还准备好将他的侄女狄奥法诺（Theophanu）交给奥托，作为皇子之妻。

为了这桩联姻，奥托一世投入很多。967年起，他就与奥托二世共享国王与皇帝尊位。阿达尔伯特的编年史记录了"我们与罗马人为了两位皇帝与教宗令人高度欢欣的统一高声喝彩"。967年12月25日，教宗约翰十三世在罗马圣彼得大教堂为其加冕。972年复活节，副皇帝在罗马迎接拜占庭的新妇。与期待不同，她并非出身紫室的皇女，但至少是位真公主，可作为在西方传递东方文化的美好象征。教宗约翰十三世在婚礼上为新皇后戴上皇冠。这次联姻缓解了两百多年的紧张关系。奥托的宫相为了庆祝这件盛事，特为狄奥法诺制作了由两位皇帝出具的独一无二的婚姻文书，绘上彩绘，书金墨于紫底，精美程度只有《奥托特恩权》能与之相较。

972年，奥托一世动身返回家乡准备身后事。他先在一些对他的祖上有重要意义的地点隆重现身，再前往梅姆雷本——他父亲的身故之地。973年5月7日，他在这里走完了一生，并如愿葬于马格德堡。几十年后，主教梅泽堡的提特马（Thietmar von Merseburg）在他的编年史中写道:"查理大帝以来,王座上我们国家的统治者和保卫者中,无人能与之比肩。"称颂在对君主的回忆中达到顶峰:"他在位的日子开启了黄金时代。"

儿子作为副王和副皇共同统治,确保了统治的顺利交接。奥托二世(973~983 年在位)只需要守住父亲的大业。他很快就显得力不从心。978 年,皇帝夫妇好不容易才从西法兰克国王洛塔尔对亚琛的袭击中逃脱。这位查理大帝的后代把皇帝行宫上传统悠久的鹰头徽章掉转了方向,以显示他的权威。皇帝对被拜占庭觊觎着的、彼时正由撒拉森人控制着的意大利南部的出征,也在 982 年以一败涂地告终。在与东方皇帝的等级竞争中,奥托二世的宫廷书记官在数次尝试之后,于 982 年 3 月或 4 月发展出新的统治者头衔"罗马人的皇帝",继续把西方皇帝尊位的罗马根基表现出来。然而,沉醉在赫赫战功中的奥托军队却在 982 年 7 月 13 日于意大利南部的雷焦海角(Columna Regia)惨败于撒拉森人的军队。最后,983 年夏天,有进贡义务的斯拉夫人在萨克森东部边境大举起义,将统治的存续与两代人的使命击碎。出于对未来的忧虑，皇帝从意大利推动选举，让他只有3岁的儿子奥托三世成为国王。983年12月7日，奥托二世死于罗马，成为唯一一位葬于罗马圣彼得教堂的皇帝。

母亲与祖母艰难地扶持孩子继承王位。990年，狄奥法诺在文书中不仅被称为皇后，还被冠以男性头衔"上帝庇佑的皇帝"。994年之后，当14岁的奥托三世开始独立统治时，他展现了令人惊讶的活力。他的老师是基督教世界不同领域的著名学者，在他身边形成了一个精英圈子，因而在教育与文化多样性上，他远超诸位先君。人们也再一次为他寻找拜占庭的皇女为伴侣。在教宗约翰十五世的求助下，国王在996年开赴意大利，开启他的皇帝加冕之行。到达罗马时，教宗已经死了。这给了未来的皇帝一个干预教会人事的机会。他自信地推举自己的宫廷神父、表兄布鲁诺参加教宗选举，使他以格列高利五世（996~999年在位）之名成为第一个"德意志教宗"。随后，996年5月21日的耶稣升天日，教宗立即将奥托三世加冕为皇帝。

在加冕仪式上，这位 16 岁少年身披长袍，如同约翰《启示录》中的形象。《圣经·新约》的最后一卷成为第一个基督千年之末的皇帝统治纲领。格列高利五世死后，奥托三世将他的老师热贝尔（Gerbert）推为新教宗，名为西尔维斯特二世（999~1003 年在位）。祖父奥托一世是第一个设法罢黜教宗的皇帝，他的孙子则如同摆布自己国内主教之位一样摆布教宗之位。

皇帝奥托三世和教宗西尔维斯特二世想要像曾经君士坦丁大帝与教宗西尔维斯特一世一般作出规定和进行治理："我们，我们的就是罗马帝国"——热贝尔在给皇帝的信中写道。罗马作为世界中心，如今成为皇帝心系之所。对主教韦尔切利的利奥（Leo von Vercelli）来说，教宗与皇帝都是大国之光，让基督教的罗马帝国在他们的世俗统治下再度荣耀。新皇于 997 年 10 月在新的印章图像中留下全身像：皇帝君临天下，坐于宽大皇座，头戴八片板状皇冠（Plattenkrone），举起的双手拿着君主节杖与十字圣球。这枚崭新的加冕印章为日后欧洲君王形象的展示明确了方向。

可惜，罗马人的反抗影响了荣光。为了对抗被皇帝掌控的教宗，他们选出对立教宗约翰十六世。奥托在第二次意大利之行中对此施加的惩罚可谓残暴至极。在以武力拿下罗马后，他将城市首脑克雷森迪乌斯（Crescentius）和他的十二名随从在圣天使堡的雉堞上以叛君罪公开斩首。对立教宗约翰十六世被挖出双眼，割去鼻子、耳朵、舌头，倒骑着毛驴被押送走过罗马大街。皇帝的残酷生不出爱。对自信的德意志人来说，罗马人是不可捉摸的叛徒。而对自信的罗马人来说，皇帝和他的军队看起来就是北方蛮族。在那之后，古代使用过的表述"被条顿人支配的恐惧（furor teutonicus）"又悄悄出现在文字中。

奥托三世以一种精深、高雅的帝国象征文化对此作出回应。998年起，他像教宗一样在自己的文书中使用金属印章（Bulle），正面为以古代风格呈现的皇帝像，背面为手持枪与盾的罗马女神，作为权力的象征。铭文"罗马帝国的复兴（Renovatio imperii Romanorum）"是新的格言。古罗马的帕拉蒂尼山上建起一座新宫。

皇帝久居罗马的打算引起极大的惊恐。也许有人给皇帝呈上了当时被称为《君士坦丁御赐教产谕》（Constitutum Constantini）的诏令，一份可能是830年伪造于法兰克王国的君士坦丁大帝给教宗西尔维斯特一世的敕令。文书要人相信，君士坦丁大帝把都城从罗马迁到君士坦丁堡，就是把罗马和西方行省送给了教宗。圣彼得与圣保罗之城自此不应该再被世俗皇帝统治染指。面对这项挑衅，奥托三世用自己的公文应对。文书驳斥了《君士坦丁御赐教产谕》的有效性，将罗马称为"我们的王城"。虽然教宗道德败坏，皇帝仍然以自己绝对的权力赠予教宗八处伯国以示支持。

留守在阿尔卑斯山以北的故乡的人们用图像和故事描绘新皇帝的荣光。梅泽堡的提特马主教讲述，奥托甚至都能革新"罗马人的古老风尚"，按拜占庭皇帝的规矩一人独坐半圆形的高桌用膳。修道院和主教的抄写学校的画师捕捉皇帝的神圣尊威，将之表现在特别的君主像中。国王和皇帝超越了他们作为信徒与效忠者的形象，直接从上帝、耶稣或圣彼得与圣保罗手中接过皇冠。这种与神单独、直接的接触让皇帝在宗教仪式的记忆中也成为天国领域的一部分。

1000 年，奥托三世前往格涅兹诺（Gnesen）虔诚朝圣，并打开查理大帝在亚琛马利亚教堂的墓室，以此来显示皇帝对基督的效劳。朝拜伟大先君的陵墓也包含了皇帝的另一番用意，即对正在形成的基督教王国匈牙利和波兰实施皇帝统治。用这种方式，东法兰克—德意志王国在隐蔽的东部扩张中第一次确认了边界，并开始彰显中央之姿。也许他们想和拜占庭一样，让国王族系居于皇帝统治之下？朝圣途中，宫廷书记官又尝试了新的统治头衔："奥托三世，耶稣基督之仆（servus Iesu Christi），我们的救世主与解放者上帝所立的高贵罗马皇帝。"

高高升起的希望撞向冷峻的现实。1001 年，罗马人再次反抗他们的皇帝。1002 年 1 月 23 日或 24 日，"世界的奇迹"奥托三世在逃出罗马的途中殂于帕泰尔诺（Paterno），年仅 21 岁。听闻死讯，刚从拜占庭前来的新婚妻子又原路返乡。奎尔福特的布鲁诺（Brun von Querfurt）记下了当时人们的震动："啊，残酷的死亡，不守时的死亡，你曾满世界地采集花枝，却为何不折，更美的另一朵！"而在意大利，奥托的死亡却让人们反对奥托家族统治的情绪脱了缰。费了好大力气，遗体才被运回阿尔卑斯山脉的另一边。意大利北部陷入暴乱。奥托在中世纪中期的皇帝统治清晰地展示了帝国纲领及东法兰克—德意志王国的镇压能力的局限。阿尔卑斯山脉以南的王国多年前已走上自己的路。未来，罗马对皇帝来说只是赋予他们合法性的权力来源，而不是他们的统治扎根的地方。

奥托三世死后，奥托一支无以为继。在1002年与1024年两次朝代中断时，东法兰克—德意志王国形成了国王选举。下两任统治者是亨利二世（1002~1024年在位）和康拉德二世（1024~1039年在位），前者来自鲁道夫家族的一个旁支，后者则是萨利安王朝的开朝之父，两者都通过转移地域重点来稳固君王权力。新建立的班贝格主教座堂为皇帝亨利二世与库尼贡德（Kunigunde）留下长眠之所，而所有四位萨利安皇帝则都安葬于新设立的施佩耶尔主教座堂。

遵循着前代君主的轨迹，亨利二世首先让主教座堂与帝国修道院遵循他的意志。王国应该成为上帝的居所。相比之下，对外事务更让亨利觉得棘手。两次与法兰西国王罗贝尔二世（Robert II）的会面只是在姿态上强调彼此地位相当。让波兰统治者臣服的尝试并未成功。不过，亨利二世渐渐将勃艮第王国拉入他的势力范围。当那里的最后一位韦尔夫国王去世时，亨利的继承者康拉德二世收割了政治果实。1032/1033 年，勃艮第落入德意志国王之手，而他们从此之后一共统治着三个王国：德意志、意大利、勃艮第。腓特烈一世（红胡子）与查理四世还分别在 1178 年和 1365 年于阿尔勒（Arles）被加冕为勃艮第国王。

相对的，保住意大利则充满艰辛。原本就已经是奥托三世忠实同盟的主教韦尔切利的利奥呼唤亨利前往南方："亨利，快来，大家都在等你！"然而这句话却夸张了，1002 年，伊夫雷亚的阿尔杜因（Arduin von Ivrea）已在意大利称王，并首先结束了奥托的统治。亨利二世在意大利之行中尽管已在 1004 年 5 月 14 日于帕维亚由米兰总主教加冕为伦巴第国王，却无法赢下南方。直到 1012 年的一次教宗分裂，他才取得主动权。收到教宗本笃八世（1012~1024 年在位）的邀请，亨利在 1013 年秋天动身翻越阿尔卑斯山脉，在帕维亚度过圣诞节，与妻子库尼贡德一同于 1014 年 2 月 14 日在罗马圣彼得大教堂被膏立加冕。教宗本笃八世在接待他们时将基督世俗统治的象征——饰有十字架的圣球——交给了他。

这种隆重加冕与血腥争斗的交错预示着德意志人与罗马人之间的未来，并在梅泽堡的提特马笔下定格："在 2 月 14 日的周日，上帝恩赐庇佑、值得赞誉的国王亨利与他敬爱的妻子库尼贡德前往圣彼得大教堂，教宗在此相候，四周有十二位元老，其中六人按神秘习俗剃须，另六人长须飘飘，拄杖庄严缓步。在进门前，教宗问他，是否愿意做罗马教会可靠的庇护者与守卫者，对他和他的后继者完全效忠。他谦卑地坦白信仰，给予肯定答复。于是，他与妻子受教宗膏立与加冕。他先前的王冠则被他挂在圣彼得、圣保罗的祭坛上。同一天，教宗在拉特兰为他设盛宴相庆。然而，八日之后，罗马人和我方就在台伯桥上发生激烈冲突，双方都有不少人丧生，直到黑夜将他们分开。"

距离这位"伟大、神性的奥古斯都"、"至睿国王和至耀皇帝"〔修道院院长克吕尼的奥迪洛（Odilo von Cluny）语〕最终彻底让意大利臣服则还要一年时间。1015年，阿尔杜因放弃王位，在修道院出家。在教宗本笃八世的班贝格与富尔达之行中，皇帝与教宗的合作意愿表达得很明显，这是教宗自799年与833年以来第一次进入阿尔卑斯山脉以北的国度。教宗在班贝格大教堂庆祝复活节，一周之后为班贝格圣斯蒂芬大教堂祝圣，并认可皇帝对班贝格主教座堂的资助，他们的互相致敬在此达到顶峰。在他的保护大公文《亨利特恩权》（Heinricianum）中，皇帝延续并增加了前人对罗马教会的承诺内容，并将富尔达修道院列入其中。

这些尊崇之举提升了帝国自信。有两份文书由皇帝的宫廷书记官用金色的皇帝金属印章出具。一份被保存在对本笃会修道院葛斯 [Göß，今莱奥本 / 施泰尔马克（Leoben/Steiermark）] 的确认文书中，是流传于世的最早的中世纪皇帝金玺诏书。与教宗一同到达班贝格的还有阿普利亚（Apulia）领袖巴里的梅莱斯（Ismahel/Melus）。他向皇帝赠送星空袍（Sternenmantel），上面绣有颂文："啊，欧洲之光，蒙福的皇帝亨利；万有永恒之王予以君威益盛。"星空袍如今藏于班贝格主教座堂圣器室中。如此称颂，目的在于请求皇帝前往意大利南部。1021/1022 年，他将亨利二世一直带到阿普利亚北部的特罗亚（Troia）与卡西诺山（Montecassino）。然而在那里，皇帝的权威并不能服人，这次军事动作也反映了帝国扩张力逐渐式微。

亨利继位者的皇帝生涯则要更为顺畅。康拉德二世（1024~1039 年在位）于 1024 年成为德意志国王，1026 年成为伦巴第国王，1027 年复活节（3 月 26 日）与王后吉塞拉一起在罗马圣彼得大教堂受教宗约翰十九世加冕，1033 年 2 月 2 日成为勃艮第国王。1026 年，康拉德确定儿子亨利三世为储君，并在 1028 年将他封为德意志王国的副王。只有这么一次，即为了皇帝加冕，康拉德二世在罗马停留了三周。不过，他还为此带上了两位名副其实的国王——北方丹麦与英格兰的克努特大帝（Knut）以及勃艮第的鲁道夫三世国王（Rudolf III），二者在他的皇帝加冕中提供协助。对他的传记作者维波（Wipo）来说，康拉德是"世界之首（caput mundi）"。加冕当日，米兰与拉文纳的大主教为谁该将国王带向圣彼得大教堂发生争执，为此很快爆发了德意志人与罗马人之间常见的流血冲突。皇帝为众多死者复仇，迫使罗马人赤足游街赎罪，让自由人悬着出鞘的剑，仆从颈上绑绳，都准备好接受他们应得的死亡惩罚。不过，皇帝最终还是开恩宽恕了他们。

即使罗马如此遥远，罗马理念的重要性却日益增加。第二枚皇帝金属印章上刻有铭文："罗马，世界之都，握有地球的缰绳（Roma caput mundi regit orbis frena rotundi）。"作为新王朝的开创者，这位萨利安人费心收集着皇权的象征物。带有耶稣受刑十字架之钉的圣枪已经在奥托王朝的先辈那里起到重要作用。为此，康拉德二世设立了帝国十字架（Reichskreuz）作为其无价的圣器。当皇帝在庆典游行中将帝国十字架举在前面时，众人能看到它镶金嵌玉的正面；皇帝则看着背面的上帝的羔羊、十二使徒，以及四福音的象征。可能正是康拉德二世将镶有珍珠铭文"上帝庇佑罗马皇帝康拉德"的拱形部分加到他那独一无二的八角板状皇冠中，但它的制成时间尚无定论。与"帝国不随国王之死而亡"这句名言一样，超越个人的统治联盟的理念也在物品中显现得更加鲜明。

亨利三世（1039~1056年在位）将统治体系进一步完善为皇帝在俗世对上帝意志的贯彻。君王对教会职权的干预表现在具有象征性的行动中。通过对大主教、主教或修道院院长的任命，统治者向他的候选人传递权戒与权杖：权戒象征与教会联姻，权杖象征宗教世界的领导权。国王对宗教世界的介入当时尚未招致反感。然而，当我们回顾历史，就会看到，恐怕正是这一次对国王统治与教会之间的纽带的完善之举造成了第一条裂痕。对教宗统治的有力干预在这里既是顶点，也是终点。1046年后，不仅罗马教廷被他当成德意志主教区来对待，他还让德意志主教担任教宗。

当亨利三世在1046年前去加冕时，三位意大利教宗立即开始为谁是使徒彼得的后继者争吵。皇帝将这一分裂交由苏特里（Sutri）和罗马的宗教会议处理，并罢黜了三位教宗。1046年的圣诞节，罗马人必须将国王带来的班贝格主教选为教宗。他称自己为克莱孟二世（Clemens II），可能是在圣彼得大教堂为他的支持者戴上皇冠，将其膏立为皇。自克莱孟二世（1046~1047年在位）起出现了一连串来自德意志的短暂在位的教宗。皇帝接连扶持布利克森（Brixen）的主教为教宗达马苏二世（Damasus II，1047~1048年在位），扶持图勒（Toul）的主教为教宗利奥九世（Leo IX，1049~1054年在位）。在利奥任内，洛林宗教改革的思想传入罗马教廷。在这样的环境中又相继出现了维克多二世（Viktor II，1055~1057年在位）和斯蒂芬十世（Stephan X，1057~1058年在位）两位教宗。皇帝作为教会改革的推动力，像推动国家改革一般，在他的提拔下，教宗之位从罗马大家族的影响中脱离，更加赢得其在伦理与智识方面的权威。1054 年，教宗与君士坦丁堡的宗主教在神学问题上激烈争论，且为基督教世界的领导权而争斗，最终与东方教会彻底分裂。基督教会的神学分裂正与皇帝统治作为一个整体的解体相呼应。

1056 年，亨利三世遽然离世。皇帝遗孀阿格尼斯与教宗维克多二世合力为只有 6 岁的亨利四世铺平通向统治的道路。无人能料，教宗甘居皇帝之下的时代已经结束了。他们的解放之争将贯穿未来很长一段时间，双方最终会为了争夺在俗世的优先地位而战。

第六章　撕裂的统一
（1056~1137 年）

　　11 世纪下半叶，教宗对其在教会与世俗中的职责与权威发展出了一种新的自信。国王与教宗的政教之争成为欧洲历史的转折点。人们津津乐道的授职权之争（Investiturstreit，也称叙任权之争）并未触及争斗的实质。问题并不仅仅在于欧洲的国王是否能一如既往地任命主教或修道院院长；一直以来的所有习惯以及宗教与世俗的权力结构都遭到考验。从 1056 年亨利三世离世至 1137 年洛塔尔三世离世这 81 年间，中世纪早期世界的旧有的统一已被祛魅。怀疑的兴盛带来思想与生活的新形式。随着社会的变迁，城市兴起，等级秩序被打破，新的宗教运动、经院哲学成形，大学的发展也随之而来。国王旧有的合法性模式失去效力。在教会日益增长的权威下，欧洲基督教胜券在握地踏上十字军东征之旅。在最初告捷后，欧洲的第一次全球化行动走向惨败。

起初是理念，理念生出需求，争端随之而来。争端不会被系统性地解决，只能化解于争执各方精力耗尽之后的妥协中。皇帝统治与教宗统治在其中发生了改变。一开始，皇帝与教宗都还共同为教会与国家的改革费心费力。其中，教宗产生了教会自由（libertas ecclesiae）的需求。为了内部净化，改革者禁止寻常的教士婚姻，三令五申独身主义。为了抵挡外部干涉，他们更加细化了对极为常见的买卖圣职行为的禁止。依据《新约·使徒行传》的情节，买卖圣职如今成了一桩罪行。术士西门想要用钱向使徒买到圣灵的恩赐，却不能如愿（《使徒行传》第 8 章）；对买卖圣职的指责正是借用了西门的名字 ①。很快，任何对圣职的世俗化使用

---

① 术士西门名为 Simon Magus，买卖圣职的行为因而被称为 Simonie。

都会被教会改革者烙上买卖圣职的罪名。这样一来，统治结构就为基督王国所用。长期以来，国王让渡给主教与修道院院长重要的统治权，并以此要求他们向自己效劳。而他们必须通过同意国王干涉教会职位的人员任命，才能确保完成他们的效劳。几十年来的正当操作，如今却罪不可赦。

这些教义在1050年~1075年间成形于以罗马教宗为中心的教会圈子。现在，他们迈出了推动教会改革与解决神学争论的关键一步。教宗在他们的圣职传统中想起了他们的教义权威。充满争议的教宗选举过后，教宗尼古拉二世（1058~1061年在位）及1059年的宗教会议公布了一项关于教宗选举的敕令。其中虽然强调了对国王亨利四世（1056~1106年在位）应负有的尊敬与服从，但在将来，教宗应当首先由罗马教会的枢机主教选举。渐渐的，西方基督教最高职位人员的任命脱离了皇帝与国王的干涉。教宗格列高利七世（1073~1085年在位）将其对教会与世俗的要求简要地放进他所颁布的包含27条格言的《教宗训谕》（Dictatus papae）① 中。教宗是使徒彼得的后继者，而罗马教会是上帝与人之间的中介，两者为尘世间最高的决定者。由于救世史的必然，皇帝和诸侯必须为其权威折腰。

一方是教宗亚历山大二世（1061~1073 年在位）及其继任者格列高利七世，另一方是国王亨利四世及其宫廷，他们表面上就米兰大主教的任命问题爆发争斗。国王理所当然地要求拥有该职位的决定权。反对方因而称他为圣职买卖者。面对罗马教廷严丝合缝的论证，萨利安宫廷的应对相形见绌。在接下来的争斗中，亨利四世和其子亨利五世（1106~1125 年在位）多次回溯正统，称他们的统治并非来自教宗，而是直接来自上帝的恩慈，来自父系继承，来自王侯选举。

在最初的踉跄之后，亨利四世强大的统治意志很快就显露。他的一生争端不断，也常常无法获得王侯的认同与支持。亨利四世可谓是一位个人主义者，某些时候甚至算是一个"权力的自闭症患者"。与第一位妻子伯莎（Bertha）

中世纪时期的皇帝：从查理大帝到马克西米安一世

---

① 也译作《教宗如是说》。

结婚后，他其实很快就想要离婚。第二位妻子普拉赛蒂斯（Praxedis）从他身边逃离，对他发出闻所未闻的性行为不端的指责。在他的提拔下，两个儿子升为父亲的副王。而他自己在登上王位50年后的1106年依然身陷兵斗，孤独死于列日（Lüttich）。

亨利四世与教宗格列高利七世的争斗在1075年的圣诞节与1077年1月之间恶化。当教宗命其服从的信送达时，国王刚刚推举了幼子康拉德为副王以稳固王朝统治。出于对主教与诸侯团结的信任，亨利于1076年1月24日在沃尔姆斯召开宫廷会议。26名主教宣称解除对教宗的服从，并攻讦其选举的合法性。亨利以有力之词陈述对教宗的罢黜："凭借上帝赐予我、罗马人盟誓同意我拥有的元老头衔，我命令你从御座上下来。"几周后，萨利安王朝的宫廷书记官为了政治宣传，将这一要求改写得更加尖锐："我，上帝庇佑的国王亨利，与我全体主教共同命令你：下台，下台。"

格列高利七世把回击放到了1076年的罗马四旬期主教会议上。他禁止所有德意志主教履行其职，但也给出一个悔过时间。意大利的主教立刻被处以绝罚。在圣彼得墓附近某处，教宗宣布撤销国王对王朝的领导权，让所有基督徒对他的效忠誓言作废，并对他处以破门律。很快，亨利在朝内的高傲姿态难以维持。他大费周章，向诸侯承诺一年之内解除绝罚，才勉强将新国王的选举推迟。为此，1076 年至 1077 年之冬，国王踏上著名的卡诺莎悔罪之行。他卑微恳求，迫使教宗于 1077 年 1 月恢复了他的教籍。

二人的会面不过将他们的冲突缓解了一小会儿。1077 年与 1081 年，德意志诸侯推举施瓦本的鲁道夫（Rudolf von Schwaben）与卢森堡的赫尔曼（Hermann von Luxemburg）为两位对立国王。1080 年，亨利四世再度被处以绝罚。王朝上下，拥护萨利安王朝或支持改革者处处结党。奥格斯堡的一位编年史家悲叹：“悲乎，王朝景象！‘我们一切都有双份’，读来好像调笑：双份教宗、双份主教、双份国王、双份公爵。”

改革派教宗用武力、象征符号和话语动员

欧洲社会反对王国。当格列高利七世称亨利为德意志国王，称他的王国为德意志王国时，可谓戳到他自己的政治认知的软肋。君主国看起来从"罗马统治一切"的高处跌落到欧洲国家的平常状态，这让亨利无法接受。在一次举行于布利克森的宗教会议上，他再度罢黜格列高利七世，并推举拉文纳的大主教为（对立）教宗。教宗之名的选择再次是有意安排：克莱孟三世（1080~1100 年在位）。1046 年，亨利三世推举克莱孟二世以对抗三位罗马教宗，并随即由克莱孟二世加冕为皇。然而，34 年后，相同的剧情却难以轻易重演。

1081 年底的意大利之行中，亨利四世虽然畅通无阻地抵达罗马城门前，却并未将该城征服。这支萨利安军队为城内英勇的抵抗者上演了一场独特的戏。在罗马城墙前，国王让人用帐篷搭了一个新罗马，设有新的教廷和圣职人员。苍穹之下，亨利四世在众人面前搭台上演加冕大戏。在 1082 年二次围攻也失败，而 1083 年也只取得部分胜利之后，饱受折磨的罗马人于 1084 年打开城门。格列高利七世必须从固若金汤的圣天使堡出来追赶他即将庆祝凯旋的敌人。圣枝主日，克莱孟三世在圣彼得教堂隆重入主教宗之位。一周之后，1084 年的复活节，他在那里为亨利四世加冕。

格列高利七世于 1085 年的离世也未能化解矛盾。每一任新的教宗都迎来了他的对立教宗。皇帝牢牢坚持他的统治权直接来自神授。他的支持者克拉苏斯（Petrus Crassus）甚至费力地以查理大帝和奥托大帝的历史来为之辩护，由于对罗马教会与整个意大利的守护，帝国理应合法且长久地归于皇帝。

尽管得到一切效忠宣誓，亨利四世还是不得不争斗到生命的最后一天，他要对抗无法和解的改革派，还要对抗亲生儿子康拉德与亨利五世。1105/1106 年，父子冲突让君主国再度陷入严峻的考验。当亨利五世（1106~1125 年在位）终于继任为王时，人们对他和他年轻的辅佐者寄予厚望。然而，时代的冲突无法被快速解决。教宗乌尔班二世（1088~1099 年在位）在 1095 年克莱芒宗教会议（Konzil von Clermont）上增加了和解的难度，禁止任何神职人员向世俗领主宣誓分封效忠。即使西欧人已经开始学着将主教的职权分出宗教领域与世俗领域（属灵事物与世俗事物），但那些具有象征意义的仪式还是为转移世俗职权持续带来困难。目前，亨利五世也仍在毫不知罪地用权戒和权杖拉拢他的主教。

1107年，教宗帕斯卡尔二世（Paschalis II，1099~1118年在位）努力动员在欧洲争雄的西边邻居。当时，他前往法国拜访国王菲利普一世及其子路易（六世）。同时代的观察者将这次会面誉为对丕平和查理大帝为教宗提供御敌庇护的复兴。亨利自视为罗马的守护者，在法兰西眼中则变成"德意志暴君"。为了抵抗他，如同在加洛林时期那样，教宗在法兰克/法兰西人那里得到可靠的援助。8世纪的古老联盟在12、13世纪依然不断加固。

当亨利1111年带着据说3万兵将前往罗马时，西欧的这一评价进一步加强。宫廷神父大卫原本被任命为编年史书写者，用文字将凯旋定格下来，情况却在预料之外。教宗与国王的秘密谈判协定了一项草案。亨利五世放弃对圣职人员作任何任命，因此，圣职人员从国王那里获得的权力与财产也必须归还。这一方案虽然解决了国王与教会两个领域重叠混杂的问题，却收走了富裕骄傲的主教与修道院院长物质生活的最大部分。由于使徒式的清贫在中世纪官方教会中只停留在理论层面，宣读教宗谕意时，德意志主教与修道院院长中间掀起大怒，谋求共识毫无可能。亨利执意要求收回授职权，并进行皇帝加冕。他将犹豫不决的教宗与枢机主教监禁起来。震惊的旁观者描述他们对怒吠于圣彼得教堂的"非人之犬"的厌恶。整个欧洲激荡起巨大的回响。即便是平日里从不谈及皇帝的地方，人们也大为震动地记录下"德意志暴君"或者"犹大第二"。

在萨利安王朝的强权压力下，帕斯卡尔在（罗马附近的）马莫罗桥（Ponte Mammolo）与国王达成约定，承诺国王在教会选举之后、领受圣秩之前有权用权戒与权杖授予主教圣职。他还同意将亨利加冕为王，并承诺绝不因其所为对国王施以绝罚。实际上，这一让步意味着事态令人难以置信地退回到大争端发生之前。

改革派此后将教宗开出的这一优惠称为"恶函（Pravileg）"。帕斯卡尔二世信守诺言，于是，维埃纳宗教会议就代表他将犯下恶行的亨利逐出教会。

1111 年 4 月 13 日，一个寻常的星期四，亨利从教宗帕斯卡尔二世那里得到了梦寐以求的皇帝加冕。志得意满的皇帝俯身演示性地向他的教宗人质做出谦卑姿态。《罗马编年史》（*Annales Romani*）记载，亨利五世向等候在圣彼得大教堂台阶上的教宗行吻足礼，并得到教宗的和平之吻。随后，圣秩按皇帝加冕的仪式流程进行。庄严或渴求地请求加冕后，未来的皇帝向大使徒的后继者行吻足礼，并匍匐在地表现他对圣彼得的虔敬。也许亨利五世也采用了兄长康拉德在 1095 年向父皇发起叛乱时，演示性地为教宗乌尔班二世引马的顺从姿态？在动荡年间，公众面前的谦卑与顺从信号就更加重要。

皇冠的光芒并未持续很久。改革派教会很快再度集结力量对抗萨利安王朝，王朝难以瓦全。很快，亨利的可靠后盾只有他的施陶芬侄子、施瓦本公爵腓特烈二世和康拉德，即后来的国王康拉德三世（1138~1152 年在位）。为了对抗改革派教宗杰拉斯二世（Gelasius II，1118~1119 年在位）与加里斯都二世（Calixt II，1119~1124 年在位），皇帝派的对立教宗（1118~1121 年在位）上任，并恰好用了格列高利八世作为名字。他被赶下教宗之位，赤身裸体骑驴穿过罗马，颜面尽失。1119 年，加里斯都二世重新对亨利五世施以绝罚。

皇帝丧失运筹帷幄之力已久。纷繁复杂的局势中，他并不是作为事物的主宰登场，而是作为纷争中的一方。国中共识破裂，迫使诸侯作为"国家之首"要求达成妥协："皇帝应听命于使徒之座。"1121 年，皇帝与帝国分离，诸侯在效忠"皇帝陛下还是帝国"的选择中四散。皇帝丧失根本掌控力，诸侯赢得政治谋划的优势并将帝国呈现为统治者的对立面，奥拉的埃克哈特（Ekkehard von Aura）对此描述道："在诸侯的献计、劝说和恳求下，国王不再不情不愿，自己也认为，事务不该由他下令，而是应该由各派诸侯来决定。"

1122 年 9 月 23 日，在沃尔姆斯的草地上

（auf den Wiesen, 也称 Lobwiese）达成了一项重大协定。教宗加里斯都二世与皇帝亨利五世的两份文书解决了半个世纪的纷争。后世称之为《沃尔姆斯宗教协定》（Wormser Konkordat）。亨利五世放弃以权戒与权杖对任何主教进行任命，同意王国、帝国中主教区全体教士自由地，且依照教会法进行主教选举，承诺教宗以和平，并协助重建教会产业。

加里斯都二世向皇帝允诺和平。他在帝国中区分出德意志帝国与意大利、勃艮第王国。在德意志境内，主教与修道院院长应进行自由选举，杜绝圣职买卖与强权，但允许皇帝出席。当选举存在争议，但容易从中总结出应对的规则时，皇帝便可在此行使他的决策权。当选的主教必须在领受圣秩之前恳求皇帝以权杖赐予他权力。为此，他应回报"他因此产生的合理亏欠"，这可谓对本来已被禁止的誓约的出色转写。在意大利与勃艮第，领受圣秩前不再保留主教恳求国王授予权力的环节；不过，在那里，主教也应当在当选六个月内向国王发起这项恳求。

如此复杂的规定为双方带来了可接受的解

决办法。教会职权从此能够不受约束，继续发展，即使地方政权如今取代了来自帝国层面的影响，时不时对主教区的全体教士进行干涉。实际操作中，统治者继续根据军事实力和主权分布来制定选举程序。统治者拥有的整套符号象征体系在思想上变得更清晰，在实际运用中则变得更复杂。国王的权杖封土（Zepterlehen）代替了一直以来的权戒与权杖的交接，让主教职权的来源得到明显区分。这样，教会高位者渐渐被纳入一个由权杖封土定义的新的爵位等级体系。旧有的帝国教会在 12 世纪被并入帝国采邑制度。教宗到底是承认亨利五世个人拥有皇帝之权，还是承认那个超越个人的王国拥有皇帝之权，单单这个问题就必须得到进一步仔细阐明。

亨利在 1125 年 5 月 23 日死于乌特勒支，萨利安王朝 101 年的统治随之结束。他们的记忆尤其留存于施佩耶尔主教座堂的墓室中。同时代的世界编年史家刚刚学会按大统治王朝的顺序将皇帝史作为家族史来书写，即将之归为加洛林王朝、奥托王朝、萨利安王朝。1100 年前后，米歇尔堡的富鲁托夫（Frutolf von Michelsberg）开始统计有多少位皇帝。亨利四世被他算作自奥古斯都以来的第 87 位统治者。皇帝之位在救世史中的使命超越了时代界限与王朝更迭，一直延续下去。罗马皇帝统治作为制度，已超越了作为个体的皇帝之间的代际相承。

在 1125 年国王选举时，施陶芬公爵、施瓦本的腓特烈二世作为皇帝最近的亲属并未当选，获胜的却是萨克森公爵洛塔尔三世①，萨利安王朝最后的劲敌。这次有意而为的继承的中断以及对诸侯选举的着重强调，让帝国的重心再度北移。洛塔尔三世（1125~1137 年在位）的故里在不伦瑞克（Braunschweig）和赫姆施泰特（Helmstedt）之间。他以祖籍苏普林堡（Süpplingenburg）为姓，最后葬于埃尔姆山北麓的柯尼希斯卢特（Königslutter）。萨克森的编年史家视其为黄金时代的来临、奥托王朝的回光。后来的德意志史家不再评价得如此乐观，新君在他的改革方针中似乎放弃了皇帝的基本

---

① 有史书称其为洛塔尔二世，但若算上洛林的洛塔尔，他应为洛塔尔三世。

准则，逢迎教宗过甚。

与施陶芬兄弟、施瓦本的腓特烈二世及康拉德的对立为洛塔尔的统治时期蒙上阴影。1127年，康拉德被选为对立国王，并立刻前往意大利试试运气。1134/1135年，国王好不容易才让两位施陶芬兄弟称败。在来自韦尔夫家族的巴伐利亚公爵"骄傲的亨利"那里，新国王找到了同盟。洛塔尔同意他与自己的独女格特鲁德（Gertrud）结为夫妇，并汲汲营营地帮衬女婿升为萨克森公爵。表面上看，拥有两个公爵之位为下一次国王选举提供了理想条件。

洛塔尔的亚琛国王加冕意在给教宗看。教宗的反应与以往不同。霍诺留二世（1124~1130年在位）未经询问就确定了选举，第一次行使了教宗对国王选举的同意权。同时，教会在英诺森二世（Innocenz II，1130~1143年在位）与阿纳克莱图斯二世（Anaklet II，1130~1138年在位）的教宗选举中发生分裂，对此有决定权的不再是罗马人的守护者，而是欧洲舞台上的众多国王与诸侯，他们将自己选择听命于谁。洛塔尔三世与英格兰和法兰西国王立场一致，站在了英诺森这边。教宗在他的西欧之旅中拉笼了自己的党羽。法兰西的修道院长、圣但尼的苏热（Suger）将教宗之行描述为众国王依次公开展示顺服姿态的一连串事件。在他于1131年5月在列日举行的盛大宫廷会议中，洛塔尔三世恭候教宗，步行一段急切相迎，并握住教宗白马的缰绳。他另一只手握着皇帝权杖，"如引领一位主人般"将教宗带向府邸。引马后，洛塔尔还要扶住马镫，助其下马。由此，国王让"清楚和不清楚的人都明确知道教宗的崇高地位"。

上面这段话并非来自洛塔尔身边的人的记述，而是来自真心痛恨德意志人的圣但尼的苏热。关于仪式的真实性及其象征解读，只有这一文献可供参考。洛塔尔三世无疑像英格兰与法兰西国王一样向教宗行了跪拜礼。通过引马与扶马镫，他也明示了为教宗站队。丕平（754年）、路易二世（858年）与康拉德（1095年）都为教宗献上过这样的尊贵服务。不过，由于相隔时间较长，并没有形成有延续性的仪式。然而，在12世纪的象征世界中，洛塔尔的行为对未来产生了影响。在红胡子腓特烈一世接受皇帝加冕前，教宗明确要求他行使引马这项传统的尊贵特权，并将其规定为未来义务。

教派分裂自然也增强了国王的政治力量。在列日，哪怕徒劳，他还曾想把国王授职权要回来。1133 年他前往罗马。那时，圣彼得大教堂和台伯河畔的整座利奥城（Leostadt）都被握在阿纳克莱图斯二世手中，洛塔尔不得不只在拉特兰的圣约翰大教堂加冕，成为第一位在此被膏立的皇帝。教宗在《沃尔姆斯宗教协定》中作出的规定得到延续和具体化。在向君主宣誓效忠并获得授权之前，没有主教能够行使来自国王的权力。采邑制度开始得到系统化，如今也将帝国教会并入其中。英诺森二世对他的支持者也给出更多让步。不过，接下来的1136/1137 年，洛塔尔的第二次意大利之行就已经见识到德意志军事力量在南方碰壁。一无所获的皇帝在翻越阿尔卑斯山的归途中撒手人寰。

洛塔尔死后，教宗在拉特兰宫殿中留下皇帝加冕的记忆，如今，这幅壁画的内容只在后世的临摹中留存。在一个场景中，洛塔尔向头戴冠冕的教宗屈膝。"在门前，皇帝按罗马人之法律宣誓，成为教宗的仆从；教宗为他戴上皇冠。"壁画上的这段题记后来让皇帝红胡子腓特烈一世大为光火，坚持要抹去这段文字。

召开苏特里宗教会议 87 年后，皇帝与教宗之间的地位关系完全改变。法律学者在 12 世纪后半叶记录到，教宗才是真正的皇帝。洛塔尔三世在象征性地服从后收获了实际成果。他的后继者将仪式视作尊卑问题，最后却屈从于教宗在精神信仰上的优先地位。教宗杰拉斯一世在几百年前就曾说，上帝在世间立下两种权力。长久以来，教宗只能勉力维持自己的地位，这段时间过去后，天平向他们一方倾斜。自 12 世纪起，皇帝就追溯两种权力或两把剑的历史。既然教宗在尘世通往天国的长梯上已经远远地站在上端，那么皇帝至少想要用尘世之剑在世间称雄。

第七章　神圣帝国

（1138~1308 年）

　　施陶芬王朝的三位皇帝，红胡子腓特烈一世、亨利六世和腓特烈二世再一次有效地强调了帝国在基督教世界中的优先地位。他们在个人统治权力的不断流失中捍卫皇帝统治和帝国荣誉（honor imperii）。权力象征与符号的竞争让他们表态成为教宗的仆从。与之相对，他们建立了他们的神圣帝国（sacrum imperium）。这让人想到，奥古斯都的皇帝统治先于基督教教会进入历史，而直到基督诞生和教义传播才有神圣帝国的框架建立。作为罗马皇帝的后继者，施陶芬的皇帝又一次提高了他们的权力诉求。然而，他们与教宗之间的悲剧缠斗显示了帝国光辉易碎。渐渐的，皇帝统治成为欧洲国家政权的一种常规状态。

皇帝洛塔尔三世死后，先前的施陶芬对立国王果断采取行动争夺皇冠。他开始了与韦尔夫公爵、骄傲的亨利的一场致命竞争。之后几代人里，即使世事变迁，两家之战却一再燃起，直到 1235 年的曾孙辈才最终将纷争调和。在对韦尔夫公爵领地巴伐利亚与萨克森的争夺中，帝国中的秩序结构与冲突形式都不断变化。12至 13 世纪不断形成的诸侯势力向帝国发起攻势，要求给予他们土地份额。他们的影响愈加明显地成为君王采取行动的基础。帝国变迁中，登上皇帝尊位的魅力也带来了竞争对手。这里，革新并非发生在帝国的顶端，而是在诸侯的王朝中进行。他们才是未来。德意志历史上的许多联邦制的要素（föderale Elemente）在这种帝侯协治（konsensuale Herrschaft）中已有清晰的轮廓：帝国是皇帝 / 国王与诸侯的统治联盟，诸侯参与基本决策，宫廷会议是灵活的制度化决策中心，最后，专门的选帝侯（Königswähler）

群体得以形成。

康拉德三世被编年史家弗赖辛的奥托（Otto von Freising）记为奥古斯都以来的第 93 位君主，除了短暂的中断（1208~1212/1218 年），他为他的家族确保国王统治直到 1254 年。然而，康拉德也是 962 年以来第一位不再前往罗马的国王。国内的需求、在第二次十字军东征中的不幸的经历，以及能在拜占庭更久地停留，似乎都比皇帝加冕更重要。九位皇帝之后，我们可以明确发现，德意志的国王陛下不再一定要往罗马跑了。

尽管如此，康拉德在与拜占庭君主进行亲属来往或政治联系时都以皇帝身份出现。这位施陶芬人称呼他的伙伴为"君士坦丁堡皇帝"或"希腊人的国王"。对他来说，拜占庭处于古罗马的阴影下。康拉德意下自己的优先地位可用西方基督教王国属于古罗马帝国来阐明，皇帝约翰二世（1118~1143 年在位）却并不买账。他正确地称呼康拉德为国王和"他的帝国之友"。12 世纪的这些称谓之争反映了施陶芬与拜占庭帝国在争夺罗马历史时的竞争与并存。

作为未来的皇帝，康拉德很快就收到双

份邀请，一份来自教宗尤金三世（Eugen III，1145~1153 年在位），另一份来自因反对与教宗紧密相关的城市贵族（Stadtherr）而集结成城市团体的罗马市民。1149 年，市议会邀请国王来进行市民式的罗马皇帝加冕，由古罗马传统而来的"市政皇帝理念（kommunale Kaiseridee）"第一次得到具体落实。康拉德"在摆脱教会的一切掣肘后"理应"更自由、更好地"统治意大利与德意志［施塔伯罗的维巴尔特（Wibald von Stablo）语］。两份邀请在国王那里都没有下文。当他的侄子红胡子腓特烈一世（1152~1190 年在位）在美因河畔法兰克福被选为国王，而后在亚琛被加冕时，他立刻就动身前往罗马。由此触发的围绕象征形制的争吵将持续地影响皇帝统治。

红胡子（巴巴罗萨）——后世德国人想象他为帝国巅峰，他自己则拥有对他个人与帝国尊荣的惊人嗅觉。他自信地展示给教宗的国王选举通告就已经强调，书写告知仅仅是为了尽前人的礼数而已。国王统治的权威来自圣灵。两种权力支配着世界：教宗的神圣权威与国王之权。当腓特烈一世写出"罗马人的国王与永远的奥古斯都"时，他就已经把目光瞄准了这个表意清晰的头衔。在回复中，教宗却并不止步于对国王选举的肯定［坚振（Konfirmation）］，而是未经询问就核查且批准了这个登基之举［批准（Approbation）］。

以条约形式立下的约定强调了教宗与国王是上帝所授的尊位。1153 年，腓特烈一世就已自行使用皇帝头衔。必须有教宗参与的皇帝加冕似乎只是一场标签化的仪式。不过，1154/1155 年的罗马之行改变了权力诉求与实践之间的关系。第一次会面时，新教宗哈德良四世（1154~1159 年在位）要求腓特烈为他引马、扶马镫。腓特烈被迫同意。分歧原因在于中世纪盛期有更加详细、具体的符号系统来显示人的等级尊卑。引马、扶马镫被明确定义为下属（Lehnsmann）对领主（Lehnsherr）的从属礼仪。这位未来的皇帝绝对不想成为教宗的下属。这项服务因而被他解读为对使徒彼得与他的后继者的敬礼仪式。

对行为的多义性解读仍在继续。前往罗马途中，腓特烈遇上一个罗马人的使节团。此前，他已收到邀请，被"一切皇帝之母"——罗马城的元老院与人民——推戴为皇帝。根据古代《王法》（Lex regia），皇帝从罗马人民手中获得他的统治权。罗马作为"开恩赐的世界的女主宰"再次得以为皇帝加冕。腓特烈恼怒地拒绝了这项赏赐。根据他强硬的理由，作为伟大征服者查理大帝和奥托大帝的后人，他原本天然就具有皇帝统治的权力。这项权力的基础在于法兰克与德意志人的征战统治。粗暴无礼之言带来了公开的战争。在德意志人与罗马人激战的边缘，1155 年 6 月 18 日，皇帝加冕在罗马圣彼得大教堂匆匆进行，与此同时，红胡子的部队正在台伯桥上鏖战。弗赖辛的奥托健笔勾勒出酷暑中军队的情绪与负担："在那儿人们可以看到，我们的战士是如何既骇人又英勇地杀了罗马人，他们击倒了又击倒，杀了又杀，好像是要说：罗马，现在你要接受的，不是阿拉伯的金，而是德意志的铁！"

很快，皇帝与教宗的关系又出现了新的考验。在贝桑松（Besançon）的一次宫廷会议上，施陶芬的宫廷人员与罗马使者发生争执，争论腓特烈的皇帝统治是作为封地，还是作为恩赏（beneficium）从教宗那里获得的。1157 年，从古老的先例中诞生出"神圣帝国（sacrum imperium）"一词。神圣的帝国取代了会流逝的国王的神圣性。这很难是巧合，因为正是在 1157 这一年，君主最后一次被称为"主所膏立者（Christus Domini）"。从对罗马与世界的统治中，也从对神圣帝国与神性国家的追求中，帝国的神圣性逐渐形成。

1180 年起，罗马的皇帝公证人将"神圣帝国"写为"神圣罗马帝国（sacrum Romanum imperium）"。这一名称在 13 世纪中叶开始出现在君王的档案文书。维特尔博的戈特弗里德（Gottfried von Viterbo）称颂道，从罗马人的特洛伊祖先到施陶分王朝统治的当下，始终是唯一一个皇帝家族在统治。[1] 两次封圣为帝国造

---

① 维特尔博的戈特弗里德是罗马教会的编年史作者，积极周旋于教会和王国事务，获得康拉德三世、腓特烈一世和亨利六世的信任和重用，作为外交使臣长期在欧洲各地游历，并基于游历见闻写下大量著作。他在《先哲祠》（Pantheon）中写道，从大洪水以来一直存在着一支皇帝血脉（imperialis prosapia），它从上帝处来，并将永保其至高无上的荣耀直至世界的尽头。——编者注

就了两位神圣君主：1146年，教宗尤金三世在国王康拉德三世的倡议下为葬于班贝格的皇帝亨利二世封圣；1165年，腓特烈一世成功要求教宗帕斯卡尔三世（1164~1168年在位）将查理大帝封圣。此外，1164年将米兰的三王圣龛搬到科隆，也让国王的圣物崇拜更上一层楼。

意大利让皇帝着迷。在他在位的38年里，皇帝6次翻越阿尔卑斯山，在南方逗留了12年，一再以论据和武力争夺帝国的统治权。1158年，博洛尼亚的法学院方兴未艾，皇帝开始与学者接触。追溯古代王法对他充满诱惑，因为根据古代王法，皇帝是一切权力的来源和立法者。这时，比理论更重要的还是皇帝统治权在意大利北部与中部的具体贯彻。在这里，强势的城邦在经济繁荣中已经形成独立自治的生活形式，对封建从属状态毫无缅怀之意。在与教宗的可靠后盾——意大利城邦——数十年的龃龉中，施陶芬的傲气被屡次挫伤。意大利的经济实力让相对来说古旧落后的阿尔卑斯山北部的诸侯世界相形见绌。1158年，在隆卡利亚（Roncaglia）的一次宫廷会议上，腓特烈一世颁布了定义帝国在意大利所具有的权力的法规。等级制度并未成功推行，而且在德意志人与意大利人之间引起激烈的情绪，带来流血冲突。能夷平米兰的火山喷发般的暴力和皇帝在莱尼亚诺（Legnano）的军事惨败，将皇帝由崇尚秩序的掌权者变为好战的斗阅之流。

欧洲对皇帝及其职权的争论爆发于1159年的新一次教宗分裂。与12世纪30年代的那次分裂不同，这次皇帝与众西欧王国不在同一阵营。腓特烈一世支持的教宗维克多四世（1159~1164年在位）、帕斯卡尔三世（1164~1168年在位）、加里斯都三世（1168~1178年在位）均未能当选。主要由英格兰和法兰西国王支持的亚历山大三世（1159~1181年在位）最终获胜。手握绝罚的武器和军事战绩，教宗与他的意大利北部城市联盟迫使皇权屈服。红胡子威望尽失，甚至让他的家族和诸侯发誓，永不承认亚历山大为合法教宗。

欧洲西部与南部相对于中部帝国的优势第一次清晰浮出水面。当时，拉丁基督教世界发现了自身民族与社会的纷繁多样，而崇尚统一的皇帝统治之力显而易见地失败了。"大诗人（Archipoeta）"赞颂君临天下的皇帝腓特烈一世的阿谀诗行①与皇帝在帝国、教会和基督世界中局促的施展空间之间裂开了深深的鸿沟。对沙特尔主教、索尔兹伯里的约翰（Johannes von Salisbury）来说，红胡子仅仅是一个"德意志暴君"，他充满挑衅地问："是谁让普世教会为地方教会所审判？是谁规定了德意志人是众人之上的审判者？谁给了这些粗野之人权威，让一位王侯凌驾于所有人类领袖之上成为仲裁者？"

施陶芬军队暴发的瘟疫之灾、德意志武力的落败，以及与帝国最重要的诸侯狮子亨利的反目暴露了皇帝的威望与权力的极限。1177年，红胡子必须让步。在公众面前，他在威尼斯向教宗亚历山大三世表示屈服。对教宗行谦卑的吻足礼，并在圣马可教堂明确释放未来将听从教宗意愿的信号，换来了绝罚的解除。1183年，他与意大利城市最终在康斯坦茨达成和解，这虽然在形式上保住了腓特烈在意大利的统治，

①　《世界之君》（*Herr der Welt*）、《地上的王中王》（*Fürst der Fürsten auf Erden*）。——原注

但也显示了皇帝在城邦中的主权富有争议。在缔结了《威尼斯和约》和《康斯坦茨和约》之后，皇帝差不多还有十年的时间可以做出些许政绩，以在蒙受了德意志君主自亨利四世的卡诺莎赎罪之行以来的最大耻辱之后，稍稍维护一下他在历史记忆中留下的形象。

红胡子腓特烈与狮子亨利长期互利的合作在1177年终止于两者结构性的地位之争。皇帝与诸侯联盟，对他的这位韦尔夫家族的远亲动手，发起一系列惊人的审讯，甚至随后对他的领地发起战争。巴伐利亚与萨克森公爵领地的重新分配在1180年改变了帝国版图。这场争斗的得益者并非皇帝，而是诸侯。不管怎么说，这为日渐年迈的皇帝带来了些许忠诚。1169年，亨利六世被提升为副王，这为王国统治早早定下了接班人。然而，亨利向教宗卢修斯三世（Lucius III，1181~1185年在位）提出册封副皇帝的请求却并未获准。与加洛林和奥托时代不同，教宗如今作出决定，尘世间只能有一位皇帝。1186年，亨利六世在米兰与诺曼王朝的女继承人康斯坦丝（1154~1198年）结婚。以此为契机，父亲自行将他提升为恺撒——一种未经教宗参与的缩水版的"副皇帝"形式。在与意大利南部的诺曼王朝不和数十年之后，这场婚姻促成了新的结盟。不过当时人们还未料到，康斯坦丝有朝一日会作为女继承人将西西里王国带给她的丈夫。

腓特烈一世在两次美因茨宫廷会议中展现他的光辉统治，自觉、骄傲地将骑士制度视为贵族文化形式。第二次会议，即耶稣基督宫廷会议（Hoftag Jesu Christi）已在为他最后一次大出征作准备。红胡子带领一支精锐部队开始第三次十字军东征。当他还是一位年轻公爵时，他已在第二次十字军东征中积累了相关经验。在耶路撒冷1187年为苏丹萨拉丁所取后，皇帝与西欧诸王揽下解放圣城、驱逐穆斯林的重任。哪怕算上1191年占领阿卡（Akkon）的些许胜利，整个行动在结果上也是失败的。当皇帝到达圣地时，他自身已是一具尸体。带着战果与艰辛，他奔波于巴尔干与小亚细亚之间的陆路上。1190年6月10日，他溺毙于萨勒弗河（Saleph），即如今土耳其东南部的格克苏河（Göksu）。他的同行者想要将死去的皇帝带到他渴望的耶路撒冷，将他的内脏葬于塔尔索（Tarsus），"肉"葬于安条克（Antiochia），四肢葬于推罗（Tyrus）。后来，穆斯林占领耶路撒冷后，这些记忆场所悉数被毁。这位中世纪皇帝之墓已失，它是基督教世界唯一再也无法追寻的君王之墓。也许正因如此，后世传说丛生，说皇帝沉睡于屈夫霍伊泽山（Kyffhäuser），当帝国陷入困境时就会前来拯救。十字军东征时的悲剧之死为红胡子腓特烈保全了人们对他的永久追思，他遭受的一些挫败也在记忆中被逐渐稀释。

亨利六世与康斯坦丝于 1191 年 4 月 15 日，一个复活节星期一，到达罗马圣彼得教堂，由教宗切莱斯廷三世（Coelestin III，1191~1198 年在位）膏立为皇帝。康斯坦丝已为诺曼王国的继承权争斗多年。1194 年 12 月 25 日，她的丈夫又被加冕为西西里国王。意大利南部王国与帝国因而得以统一。对教宗来说，被这两片土地包围意味着最大的挑战。如今，皇帝与教宗之间在世间权力地位的争斗进入了领土竞争的新阶段。12 世纪 90 年代，版图拓展到西西里的帝国似乎到达了它权力的最高点。当狮心王理查一世在十字军东征的归途为施陶芬人所俘时，亨利六世甚至强迫他以英格兰王国为封邑宣誓效忠。皇帝在欧洲的优先地位逐渐形成。甚至远征拜占庭看起来也并非不可能。

1194 年，皇帝夫妇在耶西（Jesi）诞下他们的独子。他们的对手从未缄口不提那些怀疑孩子的血脉是否正统的流言，因为以康斯坦丝 40 岁的高龄应该很难生育。根据安排，幼子的名字继承了他祖父与外祖父之名，即腓特烈和罗杰（Federico Ruggero）。他应该在两种文化中长大，即既接受施陶芬—帝国文化，也接受诺曼—地中海文化。1196 年，亨利六世希望能确保男孩的继承。与欧洲其他王国一样，这已不仅关乎副王的选举，而是关系到帝国世袭王朝的确立。尽管皇帝苦心经营，却难以扭转局面。继承并不在王国中发生，而是在诸侯间进行。因此，最后只能在提拔皇子为副王这件事上如愿以偿。

远离罗马源头，志在统治一切——这样的

皇帝统治恰恰需要任人唯贤。早在 1152 年红胡子被选为国王时，弗赖辛的奥托就记录道："国王统治不因血亲向下传承，而是由诸侯选举而出，这项权力让罗马帝国尤其优于其他。"很快，这份自豪瓦解了。法兰西国王路易九世的使者在 1239 年与皇帝腓特烈二世协商时称，他们的国君来自王族血脉相承，因而优于任何只是经选举产生的皇帝。

追随着他的父亲，亨利六世承诺率领十字军出征巴勒斯坦。然而他的船还没碰到海水，他就在 1197 年 9 月 28 日死于墨西拿（Messina）。皇帝葬于巴勒莫大教堂，展现了施陶芬家族的势力已在南方深入。距离下一次皇帝加冕还有 12 年。不过这段时间里在统治的制度化和政治诉求的系统化方面发生了重要转折。意大利对德意志统治的不满使腓特烈二世难以前往北部。在母亲的照料与教宗英诺森三世（1198~1216 年在位）的监护下，他继承了西西里王国的统治。在阿尔卑斯山脉以北的国家，红胡子腓特烈之子、施陶芬人菲利普（Staufer Philipp）和狮子亨利之子、韦尔夫的奥托四世为国王之位争斗了十年。除了教宗之外，英格兰和法兰西的国王也被卷入这场争斗。

双方都向教宗发出了当选为国王的通知。当选通知都各自列举了继承者的合法标准，这些标准此前都未被系统定义：能力、出身以及对教会的服从。奥托的追随者从一开始就是防御方，他们请求教宗认可，并请求之后从他那里接受皇帝加冕。施陶芬一派则重申选举权本应是诸侯的权力，并选择原先的用词，通知教宗已将菲利普选举上"皇帝之位（imperatura）"，还告知将很快动身来接受皇帝加冕。英诺森三世在给出回复前给了自己一点时间，再在主教会议的私下发言以及1202年的公开教令《致可敬者》（Venerabilem）中详细说明了教宗对德意志国王的选举权力，以及他偏向奥托四世的特殊决定。

教宗有权对国王进行考察与批准（Approbation），也有权进行最后判决，这既来自历史传统，也关乎未来。对教宗来说，皇帝统治是由教宗从希腊人那里传给法兰克人和德意志人的［即帝国传承（Translatio imperii）］。

未来，他也必须将由德意志诸侯选举出的国王加冕为皇帝。对此，教宗有权在国王选举时就开始对竞选者进行早期的能力考察。教宗仔细地说明了他在腓特烈、菲利普、奥托三位候选人中的选择。在此，施陶芬家族在教宗眼里就是一直妨害自己的"迫害家族"。如果一直只推举施陶芬家族，将会限制其他同等级帝国诸侯的选举权。与此相反，奥托则因其虔诚与忠心脱颖而出。

英诺森三世为使教宗在世界上的优先地位系统化而苦心经营，在他之前无人能及。早在1198年，他就发展出一套比喻，还将它纳入了教会法。神在天上造了两大光源，较大的太阳管昼，较小的月亮管夜。同样，在基督教的天空中也有两大至尊：主教之权与国王之威。在白日的较大的权威领导灵魂，而夜晚的较小的权威则统治身体。国王权力的光芒之于教会，就如同相对弱小的月亮承接了太阳之光。国王离主教越近，所反射的光就越明亮。几十年后，人们通过类比将权力关系传达得更精确：神职人员的权威要比国王权力大 6644 倍。

　　在争论谁是合法国王的交战中，教宗1202年的决定以及对菲利普的绝罚收效甚微。瓦尔特·冯·德·弗格尔瓦伊德（Walther von der Vogelweide）的格言诗（Spruchdichtung）如此捕捉这个时代仁人志士的义愤填膺："悲乎，说德语的人，尔等秩序今安在？营营青蝇今有其王，尔等尊荣却全不复存！"①

　　在欧洲西部，战争的运势也青睐施陶芬的友方——法兰西国王菲利普二世·奥古斯都。1204年，他攻打英格兰对手（无地王）约翰，拿下了诺曼底。王位之争显出有利于施陶芬家族的端倪时，施陶芬人菲利普却在1208年于班贝格遇刺身亡。而今，奥托四世终于获得认可。1209年10月4日，这个韦尔夫人在罗马圣彼得大教堂由他的支持者英诺森三世加冕为皇帝。然而，奥托在皇位上过快地继承了"帝国传统"，把他未得势时的低顺抛于脑后。他打破

----

① 原诗为中世纪德语：sô wê dir, tiutschiu zunge, wie stât dîn ordenunge, daz nû diu mugge ir künig hât und daz dîn êre alsô zergât！现代德语译文为 Dagegen - weh Dir, deutsches Volk, wie steht es um deine Ordnung, wo nun die Mücke ihren König hat und deine Ehre so ganz schwindet！

约定出征意大利南部，与腓特烈二世一决胜负。1210 年，教宗对奥托四世处以绝罚，并化用《圣经》之语表达失望："我们后悔造人在地上。"

绝罚又一次不能决定一切。当 1211 年施陶芬的支持者将腓特烈二世选为"皇帝"，而后这位救星于 1212 年离开阿普利亚到达德意志时，新的一页被翻开了。1214 年，与腓特烈结盟的法兰西国王菲利普二世·奥古斯都在布汶战役中大败皇帝奥托四世，韦尔夫家族的国王统治从此深陷颓势。1218 年，奥托死于哈尔茨堡，葬于不伦瑞克。从狮子亨利被红胡子俘获到奥托四世的失败，施陶芬的编年史家如弗赖辛的奥托、乌尔斯贝格的布尔夏德（Burchard von Ursberg）从中得出这样的结论，即韦尔夫家族在帝国中只适合担任公爵，且应当为施陶芬家族的皇帝效劳。

在一次次的选举与加冕中，腓特烈二世（1212~1250 年在位）都强调自己的合法性。1215 年在亚琛加冕时，他亲手锁上查理大帝的遗骨龛，让它的神圣性从此服务于施陶芬。借此机会，腓特烈二世立下十字军东征的誓言。

趁着 1212 年到 1220 年经留阿尔卑斯山以北王国之时，他既落实了他不容置疑的国王统治，也为皇帝加冕作准备。帝国与西西里王国的关系尚未明确，承诺的十字军东征也尚无后续。两者最终都带来难以平息的冲突。

十字军国家的危急处境急需他迅速采取行动。因此，教宗霍诺留三世（Honorius III，1216~1227 年在位）省去冗长的事前谈判，于 1220 年 11 月 22 日在圣彼得大教堂为腓特烈和他的妻子阿拉贡的康斯坦丝举行加冕仪式。新任皇帝立刻从枢机主教乌戈利诺（Hugolino），即后来的教宗格列高利九世（1227~1241 年在位）手中接过十字架。出于对皇帝的"惧甚于爱"［列日的莱纳（Reiner von Lüttich）语］，德意志人与罗马人之间的惯有摩擦并未发生。数年之后，《萨克森法鉴》（Sachsenspiegel）诞生，这是一份私人汇编，以文字形式记录了一系列有规范性诉求的习惯法。一本稍晚出现的绘图抄本非常刻意地将教宗和皇帝的共同体形象表现出来：两人紧紧相拥，共坐皇座而治。在世界的崩坏现实中，人们对这样的和谐怀有如此希冀！

承诺的巴勒斯坦之行一再被推迟，到13世纪20年代成为教宗与皇帝争吵的焦点。格列高利九世把接连不断的托词视为欺诈，在1227年对腓特烈施以绝罚。当他与耶路撒冷女王伊莎贝拉二世结婚，以此谋求在耶稣圣墓的国王之位——耶路撒冷王位——的候补资格之后，终于在1228年以被绝罚者的身份出发了。1229年，他利用穆斯林君主之间不稳定的力量关系，与阿尤布王朝的苏丹卡密尔（al-Kamil）达成前所未有的和平谈判。有十年时间，耶路撒冷（不包括圣殿山）、伯利恒与拿撒勒落入基督徒之手。1229年，腓特烈二世成为中世纪西方唯一一位不战而得入耶路撒冷的皇帝，并以耶路撒冷国王的身份身着君主华服拜临圣墓。身为被绝罚者，这种狂妄姿态让仇者怒、亲者颂。有人视之为古老预言的应验，基督教最后的皇帝前往耶路撒冷为永恒帝国谋得和平。

现实却更加残酷。1230年回程后，腓特烈大费周章才得以解除绝罚。其后，他在西西里王国苦心经营。皇帝作为正义之父与正义之子，在这里于 1231 年颁发《奥古斯都宪法》（Liber Augustalis），这是第一部有彻底的有效性主张的法典。腓特烈之子、国王亨利七世（1222~1235 年在位，逝于 1242 年）在阿尔卑斯山以北的帝国实施复杂的代理统治。施陶芬君主还在 1220 年与 1231/1232 年的两部王侯法中承认"宗教的王侯"与"世俗的王侯"享有特别的统治权。皇帝将他的罗马恺撒风格的象征元素集中表现在意大利南部，相比于其施陶芬先辈的故乡，诺曼传统的王朝统治在那里更加普及。留下盛名的还有铸有皇帝像的金币（奥古斯都币），以及腓特烈二世描绘理想君王形象的《猎鹰书》（Falkenbuch）。

此后，皇帝只有 1235 年至 1237 年这一次现身阿尔卑斯山以北国度，目的是平息逆子叛乱。他将国王罢黜，并毫不留情地关押了他。在瞠目结舌的德意志人面前，他展现了地中海文化的别样光辉。在举行于美因茨的一次宫廷会议中，他为帝国推动了一项和平令，且推举韦尔夫家族的大表弟奥托为新的不伦瑞克公爵领地的帝国亲王，以此定下秩序。1237 年，腓特烈在帝国中确保他与耶路撒冷女王伊莎贝拉所生的次子康拉德四世被选为国王，继承其统治。

皇帝与教宗在意大利争夺优先地位，争斗正酣，意大利北部的城市很快也加入其中。与红胡子一样，他的同名孙子腓特烈也陷入了对意大利城市的力量的绝望。1239 年，教宗格列高利九世第二次对腓特烈二世施以绝罚。这次，皇帝不再能从中解脱。1245 年，教宗英诺森四世（1243~1254 年在位）又继续走了关键一步。他在里昂大公会议上公开废黜皇帝，将他斥为异端。这份教令之后成为废黜君王的范式，它的基础在于，教宗对皇帝统治具有支配权，正如他对正统与异端具有神学决定权。同时代人在大纷争中只看到两大权力之首的论争。教宗统治与皇帝统治也因而转化为欧洲政权的两种寻常形态。

腓特烈二世派了一位代表在里昂质疑程序的合法性。接着，他面向西欧的国王和诸侯起草文本。其中，他先自陈正确的信仰，再严厉指责教廷的狂妄，并警告其他国王，他们也有可能遭受如此干涉威胁。笔战之后又有交兵。腓特烈的帝国内，处处燃起战火。施陶芬一派直到腓特烈逝世都支持他，坚持其帝国具有合法性，并继续守护其子国王康拉德四世（1250~1254 年在位）的合法统治；而教宗的追随者却认为王位已空悬。他们提拔亨利·拉斯佩（Heinrich Raspe，1246~1247 年在位）与荷兰的威廉（1248~1256 年在位）为新国王，不过两者都只实现了个别区域的统治。

国家与家族被撕裂贯穿。腓特烈在一些人眼里是救世主，在另一些人眼里则是《启示录》中的末世之蛇与敌基督。在意大利，皇帝对教宗和城市发起一场苦战，却并未实现征服。最后，他死于 1250 年 12 月 13 日，并和父亲一样葬于巴勒莫大教堂。在纷争撕裂的时代，腓特烈二世直到最后都对自己事业与信仰的正确性深信不疑。时代对他的评判也撕裂了记忆：在一些人的记忆中他圆满辞世，在另一些人的记忆中他孤苦而亡。

1250 年，施陶芬王朝的皇帝统治结束了。康拉德四世在 1254 年为王朝而战死，1268 年，其子康拉丁（Konradin）亦捐躯。施陶芬家族的最后一任耶路撒冷国王于1268年在那不勒斯的集市广场上被斩首。阿卡的居民为此奔走相庆。在德意志后人的记忆中，一次次保障了中世纪皇帝伟业之规模的施陶芬家族随着康拉丁一起湮没于历史中了。

同时代的人则要更加实际。社会变迁终于为皇家城市和统治机构带来了自治，甚至是自由，不同等级的人随之也不依靠国王来组织秩序、维持和平。这几年被后世错误地称为"大空位时代"（1245/1254~1273年），其实在这段时间里产生了由王位候选人组成的高贵的圈子，即维持至1356年的选帝侯七人团体。选帝侯分别为美因茨、科隆、特里尔总教区主教，莱茵普法尔茨伯爵、萨克森公爵、勃兰登堡边境伯爵与波希米亚国王。在施陶芬王朝国际化的轨道上，1257年的人们还同时推举了英格兰、西班牙的施陶芬宗亲康沃尔的理查（Richard von Cornwall）和卡斯蒂利亚的阿方索国王（Alfons von Kastilien）。1273年起出现了一系列伯爵王（Grafenkönige）：哈布斯堡的鲁道夫（1273~1291 年在位）、拿骚的阿道夫（1292~1298 年在位）、阿尔布雷希特一世（1298~1308 年在位）以及卢森堡的亨利七世（1308~1313 年在位）。意大利之行不是没被考虑过，但直到 14 世纪才再度实现。国王在他的王权来源地的行动权力日益受限，君主国的光芒也被削弱。帝国拥有八位国王，无一加冕为皇帝，在欧洲国家的权力对比中败下阵来。当时他们也考虑过法兰西的国王候选人，但并无结果。

国王们在施陶芬皇帝统治的废墟上进行着治理而帝国的物质基础正在分崩瓦解的这个时期，也是腓特烈二世时帝国内形势过度紧绷的时期。这并非帝国的衰落，而是变迁的结果。当德意志人太长时间看不到活生生的在位皇帝时，他们又无限憧憬地盘算着再度实施皇帝统治。在 13 世纪下半叶，科隆主教座堂教士亚历山大·冯·罗伊斯（Alexander von Roes）用数字寓言来对世界和历史进行划分。在他的角色分配中，意大利人分到教士系统，德意志人分到皇帝统治，而法兰西人则分到大学。他对权力与形式给出如下解释："人们知道，神圣的查理大帝在圣灵感召教宗所作的认可与委托下，指示并安排罗马皇帝永远必须经过德意志诸侯的合法选举。因为主所赋予的神圣和对基督教的统治经由血缘为人所继承是不符合规矩的。查理自己就能将其出生直接追溯到希腊人、罗马人与日耳曼人。"现状不稳，就至少要从确定的历史中寻得自信的支点："查理大帝虽然也统治法兰西人，但他是德意志人这一点毋庸置疑。"在书卷中，这样的皇帝仍然在保障着世界的未来。

第八章　令人疲惫的地位争夺

（1308~1410年）

13、14 世纪之交，拉丁欧洲的学者们屡屡谈论皇帝统治与世界帝国（Weltmonarchie），哪怕当时并无真正的皇帝。 亚里士多德的哲学文本以及在意大利、法兰西和英格兰的高等学派中新兴的求知文化为这些讨论注入了强大的动力。德意志王国虽然几乎错过了大学如雨后春笋般涌现的最初两百年，但并未完全脱节，因为有志于学术者都负笈国外。奥斯纳布吕克的约旦努斯（Jordanus von Osnabrück）、亚历山大·冯·罗伊斯、但丁·阿利吉耶里（Dante Alighieri）、罗马的埃吉迪奥（Aegidius

Romanus）、帕多瓦的马西略（Marsilius von Padua）和奥卡姆的威廉（Wilhelm von Ockham）奠定了中世纪晚期政治思想与国家学说的基础。他们为教宗与皇帝维持在世间与帝国的统治分派了具有建构性的权力。但丁认为皇帝是希望的保证："如果这些战争和它们所招致的一切都消失，那么整个世界和所有人类财产必须由一个君主国，亦即由一个唯一政权联合起来，并且必须拥有一位君主。"14 世纪的第一位皇帝被他称为世界君主与和平皇帝。然而，现实并不跟着期待走。皇帝的前景与羊皮纸上的大胆创思几乎南辕北辙。在教宗与皇帝地位争夺的最终激化中，双方古老的权力诉求无法弥合地碰出破碎的声音。筋疲力尽后，出现了一种两者共存的实用主义。

在皇帝空位时期，谁来统治帝国？ 13 世纪，人们最终学会把国家从皇帝或国王个人那里解绑，通过代理人来进行治理。在德意志，莱茵普法尔茨伯爵在 1276/1281 年持有帝国代理（Reichsvikariat）之名。皇帝查理四世 1356 年的《金玺诏书》将莱茵普法尔茨伯爵与萨克森公爵称作皇帝空位时期帝国法的维护者。代理统治在意大利仍然不乏争议。这里，教宗从在罗马皇帝选举的权力中推演出他们在皇帝空位时期同样有支配帝国的代理之权。

卜尼法斯八世（1294~1303年在位）将这种对普世权力的需求再一次有计划地推向高峰。1301年，他在圣座前批评国王阿尔布雷希特一世，因为这位哈布斯堡人未经教宗考察批准而施行统治。1302年，他推出《唯一至圣》（Unam sanctam）敕令，其中规定，与宇宙的上帝秩序一致，世俗权力应完全臣服于宗教权力。教宗有高于国王的审判权："因此我们在此解释、确定、宣布，对所有人类来说，为了获得救世，完全有必要臣服于罗马教宗。"对世俗的这一干涉之举事实上瓦解于和法兰西国王菲利普四世之间的争执。1309年，教宗将圣座从罗马迁至阿维尼翁。法兰西王国在它的影响区域内，无论是在人物还是在政治上，皆让教廷为之着迷。教宗和皇帝长年把罗马放在一边。当时，德意志国王们完全失去对使徒彼得后继者的亲近和影响。正因如此，1312年皇帝统治再度开始，才令人格外吃惊。罗马在 92 年后终于再度举行皇帝加冕。这时甚至连加冕仪式该如何举办也只有查阅古旧书籍才知道。

国王阿尔布雷希特一世遇刺之后，卢森堡伯爵在 1308 年被选帝侯选为新的国君亨利七世（1308~1313 年在位），并在法兰克福选举教堂（Wahlkapelle）被送上圣坛。这是有史记载的第一次将罗马皇帝送上圣坛的行为。同 1250 年至 1376 年这整段时间一样，选帝侯为了加强他们的选举权，再一次阻止了直接的子承父业。亨利七世也和前后两位国王一样，利用王位来扩张自己的家族领地。他的儿子卢森堡的约翰（Johann von Luxemburg）与波希米亚王女伊丽莎白的联姻为这个西德意志伯爵家族保证了波希米业国王之位，由此也在国王选举时获得了选帝侯的一票。这位新国王通过安葬两位前代国王建立起了统治的连续性。阿道夫、阿尔布雷希特一世、萨利安的国王以及哈布斯堡的鲁道夫都长眠于施佩耶尔的皇帝陵墓中。这是最后一次众国王被有意地葬于同一陵墓中并由此结为整体。

　　教宗克莱孟五世（1305~1314年在位）不作任何要求就同意了亨利的国王选举，并承诺为其加冕。加冕日期特意安排为1312年2月2日，刚好是奥托大帝加冕为皇帝的350年后。然而，加冕被意大利之行时无人能预料的困难所阻。1310年，亨利带领5000名骑士翻越阿尔卑斯山。这支劲旅完全比得上红胡子1154/1155年带往罗马的1800名骑士。不过，亨利七世的兄弟、特里尔总教区主教巴尔杜恩（Balduin）是唯一一位随行的选帝侯。数十年后，他主导完成了一本制作精美，饰有彩绘并附有简短文字说明的回忆之书：《皇帝亨利罗马行记》（*Kaiser Heinrichs Romfahrt*）。抄本回顾了此行的高度与深度，为参与其中的家族立下功名。抄本用纹章和旗帜将国王兄弟以及随行者标记出来：皇帝旗上，黑鹰立于金底；长长的战旗金红相间。一幅幅图展现了攻城略地、血战、摧毁城市象征、脖颈挂着绳索的被制服的公民、戴冠的皇帝——一次皇帝加冕中的暴力无度。画师还在有关巴尔杜恩的场景中细致描绘了总主教正在用剑大力劈开一个罗马奥尔西尼家族成员的头颅。

德意志军队在意大利的遭遇难以估量。皇帝权力已逾半个世纪的事实缺位让城邦自治区域稳固下来。每个城市的贵族各有不同立场，或亲皇帝［吉伯林派（Ghibellinen），名称来源于施陶芬家族使用的名称魏布林根（Waiblingen）］，或亲教宗［归尔甫派（Guelfen），名称来源于韦尔夫（Welfen）］。大城市如米兰或热那亚的经济实力已超越阿尔卑斯山北部国家的所有想象。对富裕城市的税收、赠金与罚金的垂涎也使得意大利之行在贫穷的罗马皇帝眼中非同寻常。

远征一直到米兰为止都保持着和平。1311年1月6日的三王节，亨利七世在米兰为伦巴第人的铁刀压顶。几日之后，节日气氛在米兰人对不受待见的入侵者的反抗中被毁。克雷莫纳（Cremona）人与布雷西亚（Brescia）人紧随其后，佛罗伦萨人甚至堵住穿过亚平宁山的去路。兴致高昂的加冕之行演变成一场失道之战。一座座城市被围攻占领。王后在热那亚自然死亡；国王之弟瓦尔拉姆（Walram）则战死于布雷西亚。到达罗马之前，亨利七世表彰了随行队伍的忠心，为特别勇猛的战士举行骑士晋封仪式。对永恒之城的急袭只取得部分胜利。约定的加冕日期 2 月 2 日反正早已错过，圣彼得大教堂也无法被征服。因此，加冕于 1312 年 6 月 29 日（圣彼得与圣保罗节）在拉特兰的圣约翰教堂进行。三位枢机主教在教宗的委托下举办庆典仪式。施陶芬时期的先辈们所遵循的加冕圣秩早在 1311 年已被身处远方的教宗克莱孟五世在敕令《万王之王》（Rex regum）中规定下来。其中的重要元素如吻足礼或引马原本需要教宗在场。他的缺席让规定与事实之间出现裂痕。而这一缺席则以归尔甫派弓箭手现身于皇帝庆典的形式被弥补回来。

在加冕当天，亨利七世写信给各位世俗领袖宣告他的新尊位。这样在国际范围内宣告皇帝加冕的做法很新鲜。语词之高傲也几乎前无古人。所有人都必须向作为最高统治者的皇帝臣服，就像所有天上权力都居于上帝之下。英格兰国王爱德华二世发出祝贺，并未质疑皇帝统治一切的权力诉求。相反，国王菲利普四世则强调法兰西完全独立于皇帝统治。那不勒斯国王罗贝托（Robert）的回应最为激烈。在他直到亨利死后才写成的给教宗与意大利城市的备忘录中，皇帝统治被说成既烦人又多余。

亨利七世与国王罗贝托开战。在摧毁波吉邦西城（Poggibonsi）之后，他在托斯卡纳放入一枚帝国标志，为新城皇帝之山（Mons imperialis）奠下基石。在这里，皇帝按照意大利法学家的建议对不在场的国王罗贝托进行审判。由于反抗皇帝和帝国的行径，他被罢黜并作为犯上者被判死刑，以剑处决。判决本该在他们一次南下之行中执行。然而1313年8月24日，皇帝就死于博恩孔文托（Buonconvento）。他的尸体上放置了帝国、卢森堡和波希米亚的纹章，在比萨主教座堂安葬。复兴的皇帝统治向世界展现了雄心勃勃的计划与窘迫的现实。在意大利，对德意志人的爱当然毫无增加。教宗克莱孟五世明确将皇帝对国王罗贝托的判决取消。他的敕令被收入《克莱孟教令集》（Dekretalensammlung der Clementinen）中。后来的法学系将这项教令与一些针对罗马皇帝的全权（Vollgewalt）作了不同表述的文本进行对比，后者论述了其在欧洲王国中的局限性。

1314年，一场双重选举在帝国进行。此后，维特尔斯巴赫（Wittelsbach）家族的路易四世（巴伐利亚人，1314~1347年在位）与哈布斯堡家族的腓特烈（美男子，1314~1330年在位）角逐王位长达八年。在1322年的米尔多夫战役（Schlacht von Mühldorf）中，路易生擒对手，王位之争显出胜负，再续皇帝统治之路似被打开。然而，路易却选择了一条不寻常的路。他与被俘的哈布斯堡人约定进行国王共治，并在各种细节问题上都表现了二者享有同等的君主地位。当一位国王前去罗马时，另一位国王应在德意志王国执行统治职能。

当路易于1323年将一位帝国代理送去意大利时，他与教宗约翰二十二世（1316~1334年在位）的冲突爆发了。为此，教宗在阿维尼翁开启教会法程序。在教宗看来，由于路易并未请求，也未获得教宗的考察批准（Approbation），因此帝国中并不存在国王，而路易的行为既傲慢也无效。教宗命令路易在三个月内必须摘下王冠。教宗一而再，再而三地将对手蔑称为"巴伐利亚人"，因为他完全不是什么合法的罗马国王。

1324 年 3 月，教宗对路易施以绝罚，后者则前往法兰克福最高宗教会议，向作为教宗之上的宗教机关提出上诉。路易把教宗判定他为异端的指责原样奉还，指责教宗在与托钵修会的争斗中抛弃了《新约》中基督与门徒安于清贫的旨意。国王质疑教宗的考察批准权（Approbationsanspruch），并援引帝国法律，认为一经选帝侯选出，国王马上具有一切统治权。在教宗考察批准权与选帝侯选举国王的自主权的矛盾上，双方争执逐渐激化。

被绝罚的国王于 1327 年踏上意大利之行。他与王后玛格丽特一起在米兰接过意大利的王冠。一路以武力镇压了对他们的抗议之后，这支队伍于 1328 年 1 月 7 日到达罗马。与阿维尼翁教宗的反目将路易带上一条建立国王统治的新道路。1328 年 1 月 17 日在圣彼得大教堂的皇帝加冕以罗马国王统治以及元老夏拉·科隆纳

（Sciarra Colonna）表达的罗马人民的明确意愿为基础。加冕由两位被绝罚的主教——卡斯特罗（Castello）与阿莱里亚（Aleria）主教执行。这是817年以来教宗首次被加冕仪式排除在外。

皇帝统治并不因此就世俗化了。为了反对约翰二十二世，皇帝自己也启动程序，诉讼教宗狂妄无礼地干涉由诸侯意愿奠定的国王与皇帝统治。1328年4月18日，在帕多瓦的马西略的建议下，皇帝追溯奥托大帝之举，将教宗罢黜。支持这项将教宗审判为敌基督的程序的是一条教令，它规定教宗除非卸任，否则不能离开罗马。在耶稣升天节，一位方济各会教士被推举为新的教宗，称为尼古拉五世（1328~1330年在位，逝于1333年）。10天之后的1328年5月22日，他在圣彼得大教堂为路易四世与玛格丽特重新进行了由教宗举行的皇帝加冕。遵循罗马恺撒的传统，路易现在"与罗马僧侣和人民共同"颁布皇帝法令。尼古拉五世是历史上最后一位由皇帝推举的对立教宗。他只在位了很短一段时间。1330年，他充满悔恨地将他的职位归还给合法教宗约翰二十二世。

不到两个月时间内的两次皇帝加冕并未让路易展现什么有说服力的皇帝理念。秋天，在北上途中，他与方济各会的重要领导者会面。修会总会长切塞纳的米凯莱（Michele von Cesena）、司库贝加莫的博纳格拉齐亚（Bonagratia von Bergamo）以及英格兰神学家奥卡姆的威廉被囚于阿维尼翁后又得以逃离。在他们的建议下，皇帝于 12 月公开了一份追溯了 1328 年 4 月 18 日事件的公文，再度罢黜约翰二十二世，并严词斥之为异端。1329 年，他返回德意志王国，并于圣诞节在慕尼黑以新皇帝身份出场。巴伐利亚的宫廷也成为方济各会领导成员的避难所。由于与教廷针锋相对，今后他们也将皇帝的政治宣传变得十分有趣。

对手教宗那边在阿维尼翁也将路易视作死敌，紧咬不放。早在皇帝加冕之前，约翰二十二世就对路易发起针对异端的十字军之战。1328 年 3 月，教宗宣告罗马皇帝加冕毫无意义，一切统治行为无效。哪怕辱骂与绝罚如此激烈，欧洲的骚乱尚属可控。人们渐渐适应了与被绝罚者和敌基督一起的生活。

1338 年，矛盾又一次激化。德意志一众主教、主教区全体教士、贵族与城市一致向教廷发声，反对教宗迫害他们选出的皇帝。路易自己都说，如果教宗不遵守帝国法令，那他与异教徒别无二致。在一份特意以"Fidem catholicam（大公信仰）"为开篇的公告中，皇帝明确、详细地表明了立场。国王与皇帝统治的合法性只来源于诸侯选举。教宗既无权考察批准，也无权为皇帝加冕，同时皇帝统治也直接来自上帝。1338 年 7 月 16 日，选帝侯在莱茵河中游的伦斯（Rhense）会面。他们没有提及皇帝，只是强调他们对国王选举的独有权力，并认可多数裁定原则。获选者无须经过教宗考察批准，即可获得完全有效的统治权。在这份强调中，皇帝统治已经融入了国王统治。

几日之后的 1338 年 8 月 8 日，路易四世在法兰克福一次宫廷会议公布的一份以"Licet iuris（选举法权）"开篇的公文中再次郑重宣布了他的权力诉求："皇帝的权力和尊严只来自且直接来自上帝，由选帝侯一致同意或按照多数原则选出的皇帝或国王，仅凭对他的选举便立即获得皇帝或国王称号，完全不需要教宗或圣座或任何一方再提供批准（approbatio）、确认（confirmatio）、授权或同意。"总结皇帝立场，帝国与皇帝的存在直接来自上帝意志和诸侯选举。违背这项真理者即被视为欺君犯上，面临死刑。

此种宣言既加强了拥护者实力，又精细化了自身的法律地位。话语铿锵有力，却不再能化解纷争。在无休无止的争吵中，1346年，特里尔总主教巴尔杜恩考虑王座易主。新的最佳候选人为他自己的大侄子、边境伯爵摩拉维亚的查理（Karl von Mähren），查理是皇帝亨利七世之孙与波希米亚国王约翰之子。在巴尔杜恩的主持下，1346年7月11日，七位选帝侯中有五位投票推举查理四世（1346~1378年在位）为新国王。加冕在波恩进行。谁有权选举国王，谁也就能让他离开——人们如此总结选帝侯在合作组建王国中的自我认知。64岁的路易四世一朝变为"对立国王"，开始为王位而战。不过，他于1347年10月11日就去世了。死因也许是心肌梗死，因为他在菲斯滕费尔德布鲁克

（Fürstenfeldbruck）狩猎时摔下马。没有宗教上的引领与安慰，他死在绝罚中。拥护者们坚持将他葬于都城慕尼黑的圣母教堂。此后这里变为主教座堂，而这位光彩照人的巴伐利亚人的华丽墓碑，至今仍安放于此。

这样，查理开始了他毫无争议的国王统治。这位卢森堡人作为波希米亚国王、罗马国王（1346年）、意大利国王（1355年）、勃艮第国王（1365年），以拥有四座王位的实力再次登上皇帝尊位，可与伟大先人比肩。后来，他被视作"波希米亚之父与帝国继父"。然而这一判断低估了中世纪晚期统治要从王朝基础上谋得帝国的必要性。尽管受教育于巴黎，尽管与卢森堡一直保持紧密联系，查理四世无疑也在波希米亚以及中东欧地区找到他的王朝基础。这位波希米亚王子的教名为文泽尔（Wenzel），而他的新名字查理则是从教父法兰西的查理四世那儿得来，两个名字展现了西方与东方的连接。在波希米亚，这位新国王与皇帝成功构建了独特的统治联盟。1348年，参照法兰西的典范，他在布拉格建立了帝国的第一所大学。这样的文化传递激起一片效仿。

在最初的国王统治中，这位波希米亚国王进行了一系列对西方典范的详细落实与现代化的利用。在布拉格圣维特主教座堂（Veitsdom）基础上新建的哥特式教堂中，构建帝国的意志化为石头建筑之身，卢森堡王朝融进波希米亚的历史。在这里，查理为自己和儿子文泽尔留下称意的丰碑与长眠之所。

1347 年的圣诞弥撒中，查理四世第一次表达了他从救世史角度对罗马国王统治的理解。高举耀眼的宝剑，他朗声宣读耶稣基督诞生的圣经故事："当那些日子，该撒亚古士督 ① 有旨意下来，叫天下人民都报名上册。"（《路加福音》2：1）在统治者诵读福音的仪式中，罗马皇帝统治成了道成肉身与教会诞生的前提。

教宗克莱孟六世（1342~1352 年在位）在这位卢森堡人的当选中功不可没。1349 年，查理四世克服最后一位对手施瓦茨堡的金特（Günther von Schwarzburg），获得认可。这位对立国王放弃诉求，不久之后撒手人寰，葬于

---

① 此段译文引自《圣经》和合本，"该撒亚古士督"即"恺撒奥古斯都"。

法兰克福圣巴尔多禄茂大教堂（Frankfurter Stift St. Bartholomäus）——罗马国王的选举教堂。为了加强权力，查理于 1349 年在亚琛又一次让自己加冕为国王。

查理的最初十年统治充满了尖锐的矛盾。瘟疫、自然灾害、迫害犹太人、鞭笞者运动（Geißlerzügen）让 1348 年的欧洲无法喘息。世界在战栗，对此，1355 年的皇帝加冕与 1356 年的规章之书《金玺诏书》为帝国未来带来了基本秩序的指引。查理的形象在心醉神迷的虔诚者与对国家资源无所不用其极的利用者之间来回切换。在他有目的地将受他保护的犹太社区交给市民迫害者时，两种形象达到顶点。在纽伦堡犹太会堂的废墟上矗立起一座圣马利亚教堂，其他地方也无不如此。建筑象征着新联盟对旧联盟的血腥的胜利，并成为饰有国王与选帝侯标记的"帝国神龛"。作为臭名昭著的圣物收集者，查理四世让他的查理施泰因城堡（Burg Karlstein）中的礼拜堂变成保存着圣骨的无价宝库。他还扩建了亚琛的圣马利亚教堂，为查理大帝的遗骸捐赠了价格不菲的容器，以此强化他与这位同名先人的帝国传承脉络。此外，查理四世还常常拜访重要的记忆场所。在帝国的核心地带，纽伦堡与美因河畔法兰克福是最受青睐的统治中心。而他的马格德堡、吕贝克或恩格（Enger）之行也落实了他对王国偏远北方也要多加照顾的统治意愿。

邀请这位新任罗马皇帝前往意大利的呼声很早就有，既来自诗人彼特拉克，也来自柯拉·迪·里恩佐（Cola di Rienzo）领导下的罗马城。不过，查理在与教宗英诺森六世（1352~1362年在位）及阿维尼翁教廷达成一致后才准备罗马之行。1354/1355 年，在翻越阿尔卑斯山之旅中，皇帝祖父亨利七世的经验既是典范，也需要修正。查理四世几乎不再与意大利诸侯和城市发生冲突，所带领的 300 名骑士也毫无军事炫耀的意图。他的目的是皇帝加冕，期望着也许还能在旧有帝国法律中找到可利用的国家资源。在他掌权期间，帝国法律毕竟还能让意大利往皇帝金库注入 85 万古尔登（Gulden）。在第一次罗马之行中，单单佛罗伦萨一城就支付了总共 10 万古尔登来清偿帝国税。教宗与国王都向三个王冠宣誓：（德意志的）银冠、（伦巴第的）铁冠与（罗马皇帝的）金冠。查理在意大利的国王加冕礼上追溯了祖父的先例。1355年1月6日三王节，他在米兰主教座堂继承由亨利七世开创的王位。

查理与教宗约定以罗马仪式加冕。皇帝在罗马只能正式停留一天。在这之前，查理先换上朝圣装束，拜访圣地。1355年4月5日的复活节，查理和他第三位妻子安娜在罗马圣彼得大教堂由一位作为教廷使节的枢机主教加冕。加冕圣秩经过修改后可在执行仪式时弥补教宗的缺席，也因此得到保留。同时，除了主教与诸侯，据说还有5000名德意志与波希米亚骑士、10000名意大利骑士聚集在罗马。这是1046年后游行队伍首次成功地从圣彼得大教堂经圣天使桥和平地横穿罗马，抵达拉特兰的圣约翰教堂。许多人晋升为骑士，而在加冕当日签署的大量文书共同铸造着回忆。复活节的傍晚时分，皇帝夫妇离开罗马城前往蒂沃利（Tivoli），在为期三天的皇帝庆典上展示新的尊荣。

当查理四世回到阿尔卑斯山以北时，他在这里以自1235年腓特烈二世来到德意志王国以来第一位毫无争议的皇帝的身份出现。然而，一些意大利人的希望破碎了。查理作为皇帝不再以兵卒统治南方，却只让特权和任命生效。彼特拉克失望地写信给他："你将铁冠带回家，金冠空留皇帝虚名。人们称你为罗马皇帝，你却依旧只当波希米亚国王。"借此，1368 年，第二次罗马之旅不费多少兵卒就得以成行。这次，暂时返回罗马的教宗乌尔班五世（1362~1370 年在位）在 1369 年 11 月 1 日将查理的第四位妻子伊丽莎白加冕为皇后。

1356 年，在纽伦堡与梅斯的两次宫廷会议上，皇帝与选帝侯商议帝国制度，尤其确定了七位选帝侯通过多数原则进行的国王选举制度，确定了皇帝与选帝侯的权力，帝侯协治的象征性组织（会议安排、流程安排、列席安排），以及帝国的中心地点（国王选举在美因河畔法兰克福，国王加冕在亚琛，第一次王国宫廷会议在纽伦堡）。羊皮纸上制定的对三位总主教、波希米亚国王、莱茵普法尔茨伯爵，以及之后对美因河畔法兰克福的各式各样的规定，均由金色的皇帝金属印章加以确认和强调。因此，皇帝的法令文书被称作《金玺诏书》。其中许多内容并非新造，而是将经过漫长发展演变的法令确定下来。七位选帝侯——美因茨、科隆、特里尔总教区的主教，波希米亚国王，莱茵普法尔茨伯爵，萨克森公爵，勃兰登堡边境伯爵——是帝国的"支柱（columnae）"，他们与国王一起组成共同的"身体（corpus）"。教宗在罗马国王选举中的权力完全被排除在外。文中没有一处提及教宗，解决未来的争端完全只靠沉默。《金玺诏书》对"应被提升为皇帝的罗马国王的选举"作出了规定，规定他为那个时代世俗与基督徒的领袖。

实际运用中，查理四世将这种包囊世界的皇帝统治运用得十分灵活，因而对于世俗世界而言并非不可接受。政治理论已为实践提供很好的基础。柳博尔德·冯·贝本伯格（Lupold von Bebenburg，逝于 1363 年）是在博洛尼亚接受教育的教会法学者和班贝格主教，他在关于国王与皇帝统治的小文（Traktat）① 中大胆地

---

① 一种短小的、独立成篇的论文体裁，常用于论述神学、政治、道德、自然科学问题并被结集出版，往往具有一定的宣传性质，也常用以指传教小册子。——编者注

将法兰克皇帝史用于德意志民族史中。罗马国王或皇帝的统治诉求与统治权并未在欧洲国王的权力之上，而是与他们同级。这位教会法学者虽然了解皇帝对这个世界的统治理念，却将这种想法论述得相当模棱两可。皇帝对权力的极度渴望并未有不断提高的实际能力相配，法律的思维游戏与政治可行性之间未能架起实现理想的桥梁。与此相反，康拉德·冯·梅根伯格（Konrad von Megenberg）在不久之后却顽固地坚持皇帝对世界的统治。只不过这位学者并未讲清楚他所指的是哪个世界。这样，柳博尔德开启的思想形式开始传播，统治诉求与生存现实两者相互折中，共同作用。

1377/1378 年，查理四世最后一次与其子国王文泽尔远赴法兰西，这次长途旅行是对皇帝统治在国际社会的耐力的测试。对查理来说，这是一次对少年故地的重游，一次与法兰西国王查理五世（1364~1380 年在位）及其家庭的亲人团聚。法兰西地区华美的绘图编年史书所捕捉的更多是仪式过程的象征意义，而非其外交作用。皇帝与法兰西王后会面时令人难以置信的亲密的肢体接触混杂在展现军权的场景中。法兰西的东道主竭力阻拦皇帝在圣诞节前越境返回，查理四世这次高举宝剑的福音朗诵就要在他帝国最西端的康布雷（Cambrai）主教座堂进行了。在与法兰西国王见面时，皇帝没有骑自己的白马，因为作为君王的象征，在法兰西王国，白马只能配给法兰西国王。如果我们仔细观察皇帝所骑的饰有纹章图案的客马，就能发现后来绘上的黑色马腿。就这样，在人们的记忆中，两位君主的会面就成了展现法兰西国王与皇帝平起平坐的舞台。在巴黎，查理四世甚至要留给东道主更尊贵的位置。

1378 年 11 月 29 日，查理四世离世，他的葬礼持续多日，再一次展现了皇帝的象征艺术的强大。长子文泽尔的继承已得到确保。他在1363 年才两岁时就已被提升为波希米亚国王，1376 年，作为皇帝的父亲收买选帝侯选举文泽尔为罗马国王。这是自 1190 年以来，罗马—德意志王国的第一次被众人认可的父子继承，下一次直到 1493 年才会发生。选帝侯徒劳地请求教宗格列高利十一世（1370~1378 年在位）认可文泽尔的国王身份以及之后的皇帝加冕。1378年，教会在罗马与阿维尼翁各选出一位教宗，陷入大分裂，直到1417年的康斯坦茨公会议才得以终结。皇帝加冕也中断了55年，因为罗马的国王统治也陷入了动荡。

无论是其个人还是在结构上，在文泽尔（1378~1400年在位）与鲁普雷希特（Ruprecht，1400~1410年在位）两位国王任内，融合力的局限性表现得越发明显。面对遥不可及且看上去不可捉摸的皇帝，选帝侯与诸侯自发成为共同利益的代言人。14世纪八九十年代以来，国家作为一种合作联盟，国王缺位或者甚至是国王遭到反对都并非不可想象。如今，除了国王宫廷，帝国会议成为国家最重要的协商与代表机关。皇帝/国土与国家的二元性越发明显地决定着德意志的历史。1400年，选帝侯指出他们具有国王选举权，宣称有权罢黜无用国王。他们再度使用教宗1245年罢黜皇帝腓特烈二世的敕令，于1400年8月16日对文泽尔启动正式程序，罢黜了这位罗马国王。5天之后，莱茵普法尔茨伯爵鲁普雷希特三世被提升为新的罗马国王，成为路易四世之后第二位登上王座的维特尔斯巴赫家族成员。文泽尔从未认可此举，并作为波希米亚国王继续施行统治，直到1419年生命的尽头。

王国行动权随着国王鲁普雷希特再度转移到莱茵地区。然而他的权力基础薄弱，不足以延续查理四世的帝国政治。大大小小的持续的债务扼住了国王统治的呼吸。早在1401/1402年的第一次意大利之行，其能力的边界就已暴露。国王每年可从他自己的领地获得约5万至6万古尔登，从皇室地产中获得约2.5万古尔登的收入。他的米兰对手乔万·加利佐·维斯康蒂（Gian Galeazzo Visconti）每年却能够支配超过120万古尔登的税收，特殊情况下还有再征100万古尔登的能力。面对如此劲敌，鲁普雷希特的小兵小卒几乎无计可施。他贫困交加，带着一身讥笑与耻辱落败回国。人们在街头巷尾这样唱着："快看快看，小丑来了，兜里空空，早知道了。"1410年，鲁普雷希特被葬于海德堡。在其子普法尔茨伯爵路易三世身上，人们看不到任何继承的野心。

教宗与皇帝统治之间的大争斗在路易四世时期再一次达到惊人的高峰，罢黜与绝罚此起彼伏。皇帝统治在查理四世的灵活应变下得以明智而有限度地存续。最终，争斗双方都渐而被边缘化，越发筋疲力尽。

第九章 最后的罗马之行

（1410~1519 年）

1410 年，两位卢森堡人争夺对鲁普雷希特的继承权。西吉斯蒙德（Sigismund，也写作 Sigmund，1410~1437 年在位）与堂兄摩拉维亚的约布斯特（Jobst von Mähren，1410~1411 年为罗马国王）相争，并获得权力。皇帝查理四世的这位幼子在 1387 年被推举为匈牙利国王，并将父亲的王冠——除了勃艮第外——再一次集齐。当然，他已无法企及 14 世纪那样的帝国权力扩张。他最初几年的大功绩在于不知疲倦地促进教会统一。作为罗马教会的庇护者，他多次远行，以非凡的外交手腕促成康斯坦茨公会议（1414~1418年）的召开。三位教宗同时为他们的合法性争斗：阿维尼翁的本笃十三世（1394~1417年在位，逝于1423年）、罗马的格列高利十二世（1406~1415年在位，逝于1417年）、比萨的约翰二十三世（1410~1415年在位，逝于1419年）。与1046年的亨利三世不同，这位罗马皇帝不再单枪匹马地化解争端。为了召开大公会议，他还利用了约翰二十三世的威望。这样，欧洲教会将在会议上作出公开决议。几年间，康斯坦茨成为基督世界的会合点。公会议让格列高利十二世放弃教宗之位，将约翰二十三世与本笃十三世罢黜，并选举了马丁五世（1417~1431年在位）为统一教会的新教宗。1415年，康斯坦茨公会议以有力的言辞强调它的权威直接来自耶稣基督。在使徒传统中，教会出现分歧时，集会的地位高于教宗的个人强权［教令《这圣公大会》（Haec sancta）］。为了将来会议不再依赖于教宗的偶然号召，1417年规定未来定期召开会议［教令《常有》（Frequens）］。

康斯坦茨公会议只确立了教宗统治的统一，

信仰问题的统一并未达成。扬·胡斯（Jan Hus）
与布拉格的哲罗姆（Hieronymus von Prag）因
其学说被判为异端，被送往火刑场。宗教审判
前，西吉斯蒙德先前承诺的自由保障突然失去
效力。然而，胡斯派的学说无法如此轻易被抹
去，在宗教与政治上，它对教会与帝国都发展
出极大的挑战。康斯坦茨并未完成教会自上而
下的必要改革。此后，神学上的怀疑以及对正
确宗教生活的追寻以愈加激进的表达形式一直
伴随罗马教会左右。西吉斯蒙德筹备的巴塞
尔公会议及其在佛罗伦萨与洛桑的草草后续
（1431~1449年）因无法达成共识而以失败告终。
巴塞尔试图建立一种会议教会（Konzilskirche）
与教宗教会（Papstkirche）竞争。1439年，会
议教士们在没有罗马国王的参与下推举丧妻的
萨伏依公爵阿梅迪奥八世（Herzog Amadeus
VIII von Savoyen）为菲利克斯五世（Felix V），
他是历史上最后一位对立教宗。不过，他并未
能够服众，于1449年卸任，于1451年离世。
当教宗庇护二世（1458~1464年在位）在敕令
《恶行》（Execrabilis）中禁止公会议作出任何任

职决定时，会议派的理念遭到致命一击。教宗大权最终压倒了主教们的共识集体。

会议派的国际联合突出了学术论证的重要性与在欧洲范围内找到解决方案的必要性。会议教士们按民族来分组协商决议。在与意大利、法兰西、英格兰和西班牙等与会民族的接触中，德意志人也体验到某种身份确认。罗马国王只在初期扮演过罗马教会庇护者的角色，接下来便不再有组织、制定能力。西吉斯蒙德甚至几乎完全消失，藏在他的王国势力范围内。选帝侯已开始讨论罢黜他，并逼迫这位身处远方的国王必须于1422年在纽伦堡帝国会议中现身。国王调和能力的崩坏让解决国库与军事难题毫无希望。在欧洲范围内比较，帝国在经济与行政上步步落后。现代化并未发生在国家之"首"，而是发生在选帝侯、亲王、伯爵和城市这些"肢体"中。国家日益与国王平行存在。西吉斯蒙德接受了这种二元性，并将14世纪以来由单头鹰演化而来的帝国双头鹰解释为国王与国家的二元象征。15世纪，神圣帝国中的德意志民族也逐渐形成。"德意志国土（deutsche

Lande）"与"德意志民族（deutsche Nation）"的写法兴于 1409 年，到 1474 年时更是将帝国国号拓展为"德意志民族神圣罗马帝国"。

许多改革派著作仍然相信君主完全有能力把问题解决。1439 年，甚至在皇帝西吉斯蒙德的名义下还发表了唤醒人心的理念。1433 年，库萨的尼古拉（Nicolaus von Kues）在其书《天主教的和谐》（De concordantia catholica，也译作《论公教和谐》）中也考虑了帝国改革。由于他一如既往地将皇帝描述为普世之君，视其为教会的庇护、上帝的仆从以及基督在世间的代理，他要求加强皇帝的权力。创立常设军队、税收系统以及独立的帝国法庭应当有利于此。尼古拉同样视帝国为沉疴之躯，可以通过达成共识、自愿同意、和谐一致以及皇帝选举的原则得到有效的治疗。"谁想要在一切人之上，必须也要被一切人选举而出。"然而，这些理念对事实中的皇帝统治帮助甚微。

即使距离教宗如此之近，西吉斯蒙德身在康斯坦茨时还是未能顺利求得皇帝加冕。之后，他介入意大利北部事务，于 1431 年 11 月 25 日在米兰被加冕为意大利国王。然而，他盼望的一跃入驻罗马却迟迟未能实现。国王还需对教宗尤金四世（1431~1447年在位）等候多时，直到他终于准备好，在1433年5月31日的罗马圣彼得大教堂主持皇帝加冕仪式。在1220年腓特烈二世成为皇帝的213年之后，皇冠终于再度经由合法教宗之手传递。西吉斯蒙德志得意满地将一系列特权记于加冕之日。人们在纽伦堡欢庆盛典，那里正是他于1423年指明的帝国圣物与帝国皇权象征的永在之处。

西吉斯蒙德死后，与皇帝过从甚密的美因茨市民埃伯哈德·温德克（Eberhard Windecke，逝于1440年）记录了他的回忆。两份绘图抄本图文并茂地呈现了这位最后的卢森堡人的统治。在新的图像叙事中，西吉斯蒙德在罗马进行皇帝加冕的故事显得尤其令人难以置信。西吉斯蒙德当着教宗的面，对第一位想把皇冠戴在他头上的枢机主教如此回绝："要为皇帝戴上皇冠，你既不够虔诚，也不够品行端正，因为你曾经切掉过女人的乳房。"下一位为跪在地上的皇帝戴皇冠的枢机主教戴得如此之歪，以至于教宗必须伸出右脚把皇冠扶直，"以符合传统与正规"。所谓的教宗以足加冕（Fußkrönung）从 12 世纪末已有流传。埃伯哈德·温德克的《维也纳绘图纪事》完全没有收入这段奇事，只呈现了教宗与枢机主教为端坐着的皇帝加冕的经典图像，而第二份绘图纪事（现为私人收藏）却展示了教宗以足加冕。这究竟是真事还是传说？埃伯哈德·温德克并非目击者，他只是记下了乡民口口相传的那些故事，在乌尔里希·冯·胡滕（Ulrich von Hutten）的改革檄文之前，这些故事激起了德意志人对教宗冷谈态度的恐惧。教宗把脚放在罗马皇冠上，可能是一种政治宣传。尽管如此，其中仍有更深的寓意：皇帝加冕愈见稀少，罗马愈见遥远，教宗变为嘲弄者，德意志人被踏在脚下。人们越来越激动：德意志民族还要忍受些什么？罗马与德意志渐渐分道扬镳。很快，德意志教会撰写了一份对罗马集中制的控诉。在纷繁复杂的连续性中，德意志民族的控诉（Gravamina）最终导向 16 世纪的宗教改革。

　　皇帝西吉斯蒙德于 1437 年 12 月 9 日在摩拉维亚的兹诺伊莫（Znaim）逝世，当时他正在由布拉格去往匈牙利的途中。最后的旅行与其位于匈牙利奥拉迪亚（Wardein）的长眠之所一样，标记了他的政治重心。埃伯哈德·温德克讲述道，他的遗体被放在座位上三天，"为了让所有人都能看到，世界之君已经辞世。"

　　1438 年 3 月 14 日，选帝侯选举出西吉斯蒙德之婿、哈布斯堡人阿尔布雷希特二世（1438~1439 年在位）。他在任时间极短，没能进入王国内部，就连亚琛的国王加冕都未能成行。只有回看我们才能发现，1438 年其实标记了王位由卢森堡家族转向哈布斯堡家族的重要更替。人们早已习惯了几百年来的改朝换代，还未能看到哈布斯堡王朝的未来前景。当 1440 年阿尔布雷希特二世的表弟、腓特烈三世（1440~1493 年在位）接受继承，帝国漫长的哈布斯堡王朝统治就开始了。腓特烈在位长达 53 年，堪称罗马—德意志历史之最，为王朝传统的建立奠定了基础。他将自己的哈布斯堡先人美男子腓特烈（1314~1330 年在位）从名为腓特烈的皇帝之列中剔除，而在两位施陶芬人红胡子腓特烈一世与腓特烈二世之后自命为腓特烈三世。通过这一决定，新君强调了其皇帝之位传承自前人。除了维特尔斯巴赫皇帝查理七世（1742~1745 年在位）的短暂特例外，腓特烈的后人将选帝侯的投票引向自身，牢牢守住皇帝之位直到 1806 年。这一延续性的建立却是由另一延续性的终结换来的。腓特烈三世1452 年前往罗马，成为最后一位由教宗加冕的皇帝。查理大帝于 800 年开启的传统在他这里走向终结。

腓特烈三世沿着先人的轨道行事，经营自己位于帝国西南的领地多年，使之成为其统治的施政点。在不同的人生阶段，身为君主的他时而可亲，时而疏远，个人特征极其鲜明。旧有的研究将他描述为"帝国沉睡者"，近来修正为更为公允的评判，同时也没有误解他的一些怪异做派。1440 年，腓特烈在维也纳新城接受了国王选举，在空位时代，国王选举是在法兰克福由选帝侯进行的。此后，他一直以家族荣耀和个人统治风格影响着其首府的风貌。神秘箴言 AEIOU① 也被他以各种图像形式呈现。

经过深思熟虑，他直到 1442 年才穿越帝国内部前往亚琛进行国王加冕。这位哈布斯堡人有目的地追忆他的皇帝先人，尤其尊崇神圣皇帝夫妇亨利二世与库尼贡德，甚至将其融进自己的婚姻与家庭：他的女儿名为库尼贡德并非偶然。这位 25 岁称王的哈布斯堡人给自己充足时间来结婚并稳固王朝。直到 12 年后，为了 1452 年的皇帝加冕，37 岁的腓特烈成功谋得 15 岁的葡萄牙王女埃莉诺（Eleonore）作为新娘。他守住这段婚姻十余年，1468 年妻子死后，这位丧妻者又长期将她描绘为超凡脱俗的榜样。帝国之内，他既保持现有的皇帝与帝国的二元局势，也一直坚守着自己的王朝疆土的影响力。直到生命最后的二十年，他才转向帝国与欧洲，为他的家族打开了意想不到的前景。他很早就与教宗统治达成一种平衡。国王与教会之间的

---

① "世界属于奥地利"，德语为 Alles Erdreich ist Österreich untertan，拉丁语为 Austriae est imperare orbi universo。

1448 年《维也纳协定》（Wiener Konkordat）对教宗在帝国内任命圣职的权力作出规定。哈布斯堡选择站队支持教宗，反对公会议，这为他带来了在继承领土中的君王优先权，也确保了他的皇帝加冕。

1452 年，腓特烈前往罗马接受皇帝加冕，这是 650 多年历史中的最后一次，也比之前每一回都得到了更好的记录。这位哈布斯堡人翻越阿尔卑斯山，不再是为了以暴力重施帝国法律。相对而言，他更是完成了一场威仪大典，当中也不乏观光的兴趣。在锡耶纳（Siena）与葡萄牙的新娘相会，在罗马举行婚礼，在那不勒斯圆房（Beilager），接着又以最奢华的仪式在罗马进行加冕。皇帝的密友、锡耶纳主教、在欧洲颇具名望的人文学者代表恩尼亚·席维欧·皮可洛米尼（Enea Silvio Piccolomini），亦即后来的教宗庇护二世（1458~1464 年在位）传达了清晰的信息，当中不乏其个人关注。他讲述的皇帝腓特烈三世的故事混杂了当事者的自我认知与他人对此的认知，为后人理解哈布斯堡的形象呈现文化（Inszenierungskultur）指示了道路。恩尼亚·席维欧的描绘敏锐地捕捉了埃莉诺赴嫁陌生夫君的新娘之旅以及她与腓特烈在锡耶纳的初次相见："皇帝远远地看见新娘过来，越来越感受到她的娇柔体态、王家身姿，为他寻得比传言中更美丽的如此佳偶而大喜过望。他很高兴自己并未被传言蒙骗，不用像诸侯常常经历的那般找人代替自己去完婚。"

恩尼亚·席维欧对罗马皇帝加冕的详细描绘将随行者争夺位次与仪式、象征等内容一并记录下来。进入罗马时，呈现着圣乔治形象与帝国之鹰的两面旗帜带领队列前进。双头鹰对这位意大利观察者来说可谓世纪怪物，比单头鹰还瘆人。纷争并未和往常一样起于德意志人与意大利人之间，却在意大利人自己内部兴起。威尼斯人与米兰人无法就谁具有先行权达成一致。腓特烈与教宗尼古拉五世（1447~1455 年在位）的个人会面以腓特烈对奥地利家族发表谈话与教宗发表对立谈话开场。教宗犹豫不决，直到 1452 年 3 月 16 日才接受腓特烈加冕为伦巴第国王的请求。此前的皇帝都在意大利北部得到这枚王冠，如今站在对立面的米兰却拒绝服从君主。对德意志银冠、伦巴第铁冠以及皇帝金冠这三枚冠冕，恩尼亚·席维欧花了些笔墨来评价其意义。他知道，这三枚冠冕其实都是金制的："然而称王冠由某种金属制成，是具有某种象征意义的。"

在教宗对腓特烈和埃莉诺的结合予以祝福（Einsegnung）后，1452 年 3 月 19 日，罗马圣彼得大教堂的皇帝加冕仪式上出现了坐席之争。腓特烈的侄子、匈牙利国王拉斯洛（Ladislaus）坐得离皇帝太远，甚至连坐在枢机席之前都不被允许。在一个等级关系明显影射着空间权力的世界里，这可不是小事，哪怕恩尼亚·席维欧对此无奈地记录道："这种事情没办法保持特定规矩，人之先后高下本就无常。"最终，腓特烈接过皇帝神器：权杖象征绝对权力（Machtvollkommenheit），宝球象征世界统治，势剑象征战争武力。教宗为皇后戴上的皇冠还是传自皇帝西吉斯蒙德，皇帝则由主教与高级圣职显贵为他戴上金冠，金冠覆有礼拜仪式所用法冠上的垂带（Inful）。腓特烈还随身带来了新的贵重宝物，根据纽伦堡《档案》(Archiv)，其中有"如传言所载"的查理大帝的皇袍、势剑、权杖、宝球与皇冠。大祭坛这时对恩尼亚·席维欧来说不再是最高威严。他甚至对关于查理大帝的当众演说不无怀疑，也认为老式服冕在时尚的快速更替中显得村鄙："明明我们才能干练已经远胜前人，正如我们在盛世浮华上已将他们甩在身后。"传统被绑上诸多思考。

加冕弥撒上，教宗的法冠差点掉下来——一个恶兆。圣彼得大教堂前，皇帝为教宗的白马引马，获得金玫瑰为赏。在圣天使桥上，腓特烈与自己的兄弟和另外 200 或 300 位公爵、伯爵三击剑背，封他们为骑士。恩尼亚·席维欧知道，德意志人把罗马仪式视作骑士生涯的最高成就；其后还有亚琛、耶路撒冷及其他地方举行了骑士册封仪式。不过，在这位学者的观察下，骑士制度这种文化形式看上去已经和博士学位一样值得商榷，它们不过是皇帝用来撒钱的地方。日落之后，腓特烈三世受到拉特兰教堂咏祷司铎团的接待，共享盛宴直到午夜，皇帝神器的重量与众多骑士的晋封让他筋疲力尽。

在帝国内，皇帝统治依旧在谋求组织和施展的空间，而在紧密聚拢却又威胁日增的欧洲，人们则不断争取礼仪上的优先地位。奥斯曼人的扩张在最后一次罗马皇帝加冕的一年之后通过占领君士坦丁堡终结了基督世界的二帝共治。教宗的所有举措无法再为博斯普鲁斯海峡上日渐萎缩的帝国带来任何转机，反而将拉丁世界的无力表露无遗。1453 年，拜占庭最后一位皇帝君士坦丁十一世的死亡为拉丁西方带来不祥之兆。对新的欧洲命运共同体的热切讨论恰恰体现了古老普世权力的融合力的丧失。"欧洲"这一代号如今代表了政治上的无计可施。

在他的帝国中，皇帝要么与帝国的"支柱"和"肢体"共同实施统治，要么退居他们一旁。帝国会议作为政治协商与表演的舞台，一直变化直至 16 世纪初，越来越学会脱离君王处理事务，并向伯爵与城市开放。胡斯战争、奥斯曼战争、对抗法兰西与旧瑞士邦联的战争带来连年财政困难，使为此买单的各个政治体的共识变得至关重要。合作式的帝国制度不再仅仅体现在对国王与选帝侯的象征性呈现中。15 世纪起，统治者将帝国政治制度的各个部分一共分为不同的十组，每组包含四个主体，这样形成的四元等级体系（Quaternionensystem）日益为人所乐道。他们是：四公爵（Herzöge）①、四边境伯爵（Markgrafen）②、四领地伯爵（Landgrafen）③、四城堡伯爵（Burggrafen）④、四伯爵（Grafen）⑤、四自由贵族（Edelfreie）⑥、四骑士（Ritter）⑦、四城市（Städte）⑧、四村庄（Dörfer）⑨、四农夫（Bauern）⑩。这一体系的诞

中世纪时期的皇帝：从查理大帝到马克西米利安一世

① 莱茵普法尔茨伯爵、不伦瑞克公爵、施瓦本公爵、洛林公爵。——原注
② 迈森、勃兰登堡、摩拉维亚、洛林。——原注
③ 图林根、黑森、洛伊希滕贝格（Leuchtenberg）、阿尔萨斯。——原注
④ 纽伦堡、马格德堡、里内克（Rieneck）、施特罗姆堡（Stromberg）。——原注
⑤ 克莱沃（Cleve）、施瓦茨堡、采列（Cilli）、萨伏依。——原注
⑥ 林普尔格（Limpurg）、图西斯（Tusis）、韦斯特堡（Westernurg）、阿尔瓦尔登（Alwalden）。——原注
⑦ 昂德洛（Andlau）、斯特兰德克（Strandeck）、梅尔丁根（Meldingen）、弗劳恩贝格（Frauenberg）。——原注
⑧ 奥格斯堡、美因茨、亚琛、吕贝克。——原注
⑨ 班贝格、塞莱斯塔（Schlettstadt）、阿格诺（Hagenau）、乌尔姆。——原注
⑩ 科隆、雷根斯堡、康斯坦茨、萨尔茨堡。——原注

生和含义与帝国秩序的其他准则一样解释甚少。其与日俱增的受欢迎程度也反映在彩色纹章图像中，十个四元组合的纹章与选帝侯和王国纹章一同被绘于鹰的两翼。在汉斯·布克迈尔（Hans Burgkmair）1510年于奥格斯堡付印的著名木刻画《神圣罗马帝国与他的政治体》（*Das hailig römisch reich mit seinen gelidern*）上，头戴皇冠的双头鹰身上布满纹章，身上绘有受难的耶稣基督，作为救世使命的映照。

此外，帝国的民族化也越来越强，并在人文学者在智识层面对日耳曼早期历史进行的回溯与思考中发展得更快。在与欧洲其他民族的竞争中，德意志民族确保了自身独特的历史。德意志民族由从远古时期就一直生活在同一片土地上的日耳曼人和法兰克人构成。皇帝统治天经地义地属于他们，从查理大帝开始就一直为德意志民族所拥有。帝国制度包括国王选举权、选帝侯团体、帝国教会、帝国会议、四元等级体系等，其独特性可追溯到皇帝查理大帝、奥托大帝、奥托三世或亨利二世的伟业。1474年黑森的领地伯爵赫尔曼（Hermann）的一份服从义务说明或 1486 年的《法兰克福帝国和平令》(Frankfurter Reichslandfriede) 将神圣帝国 / 罗马帝国与德意志民族结合在一起。接着，1512 年，科隆的《帝国议会决议》(Der Kölner Reichsabschied) 确切使用了"德意志民族神圣罗马帝国"这一名称。

皇帝腓特烈三世与其子马克西米利安一世（1493~1519 年在位）只有与帝国的"支柱"和"肢体"联合，才能拥有组织规划能力。当地跨帝国与法兰西王国两国边界的独特国家的杰出君主——勃艮第公爵大胆查理——试图让自己升为国王时，恰恰也是选帝侯的不满让这一野心勃勃的计划流产。地位提升只有在皇帝与诸侯联盟的同意下才能进行。1473 年，腓特烈三世无所顾忌地离开了与这位勃艮第人在特里尔的会面场所，即使他已为儿子马克西米利安一世成功求得勃艮第王女玛丽亚为妻。大胆查理于 1477 年捐躯战场后，更多原属于勃艮第与低地国家的土地落入腓特烈手中。1486 年，腓特烈如 1376 年查理四世与文泽尔那时一样，成功让儿子马克西米利安在法兰克福当选为罗马国王，并在亚琛加冕。

腓特烈的"帝国自觉"在他临终时的阴森故事中再次闪现。约瑟夫·格林佩克（Joseph Grünpeck）提到皇帝垂死时腿部被截肢，并辛辣地评论道："如今皇帝与帝国同时被锯掉一条腿！"1493年8月19日，腓特烈三世殁于林茨。他善知礼仪的儿子将他的葬礼展现为一件有国际影响力的国家大事。在驶向林茨城堡的路上，遗体就被清空内脏、披上皇帝服冕，以端坐之姿展示于公众面前。接下来，走多瑙河水路移驾维也纳时，又有仪仗相随；到达圣斯蒂芬大教堂时，遗体重新对众人展示以供瞻仰，最后入葬于公爵墓（Herzogsgruft）中。遗体大概被安放在了新的灵柩中，之后于1513年被迁葬到当时尚未完建的十二使徒圣坛的石棺中。腓特烈意在通过这些富有艺术性的安排有目的地操控后世对他的追忆，为此，他考虑了长达50年。

1486年以来，在帝国结构中，有着"帝国自觉"的阶级在腓特烈三世和马克西米利安一世那里积极游说，推行改革，使政治系统得以进一步体系化与合理化。皇帝个人出现与否，在欧洲中部几乎不再引起反应。1495 年的沃尔姆斯帝国会议上，马克西米利安必须同意由美因茨总主教贝尔托德·冯·亨内贝格（Berthold von Henneberg）推动的一项针对帝国政体各个部分的深远的改革方案：颁布永久和平协定，对帝国区域进行划分，征收帝国赋税［公共芬尼（Gemeiner Pfennig）］，设立帝国最高法院。由于各个阶层和领域并不能达成一致，1500 年，帝国尚未能通过帝国统治院（Reichsregiment）使皇帝这个角色变得完全可有可无。直到 1502 年，马克西米利安才再度摆脱守势。

在准备沃尔姆斯帝国会议阶段，汉斯·卢波尔德·冯·赫尔曼斯格林（Hans Luppold von Hermansgrün）记下他做的一个有关政治的梦。梦中，在一次著名的帝国议会上——有两份抄本指出马格德堡与威尼斯的主教座堂为其发生地点——现身的并非孱弱无力的真国王，而是三位头戴皇冠的垂垂老者。从举止可以认出他们就是皇帝查理大帝、奥托大帝与腓特烈。腓特烈发话道："我的诸侯与骑士们，你们看起来并不知道，你们在听谁的话。我不奇怪。你们已经如此远离父辈的优良传统，被外族习俗腐化，在我们眼里都快认不出来了。只有你们的声音和语言我们还能懂，除此之外，你们的习俗、武器、思想、衣服对我们来说都陌生了。不过，为了让你们更好地熟悉我们每一个，看看这两位圣人长者！这位是查理大帝，罗马皇帝，曾以其卓越之行照亮世界，从希腊人手中夺去罗马帝国，在德意志人这里建基立业、发扬光大。坐在他右边的那一位是奥托大帝，罗马皇帝，德意志人的光辉与荣耀，基督正道信仰独一无二的狂热者。我也是罗马皇帝，腓特烈二世，别名红胡子［原文如此！］。我把崩溃瓦解的德意志王国修整重建，把罗马帝国的蔑视者与敌人打得落花流水、四散逃窜，并将常胜之鹰［军旗］跋山涉水带到整个世界。"过去的荣光唤醒衰落中的当代。历史再一次被用以论今。

马克西米利安一世，政治宣传的高手，在他的人文主义学者圈的帮助下极为有效地施展统治。宫廷画师、版画师与印刷工人以图像与文字的方式有效地传播他的功名。同时，这位哈布斯堡人自己也委托制作如《弗莱德》(Freydal)、《德义尔丹客：珍贵的恩赐》(Theuerdank) 和《白衣国王》(Weißkunig) 等大作，在其中呈现自己的皇帝形象，打造长远的记忆。对单页刻印 (Einblattdruck) 这种新的宣传手段，腓特烈三世一共使用了 37 次，而马克西米利安到 1500 年就已经使用了 129 次。他不知疲倦的政治耕耘却久久无法达成所有目标。在众多阻力下，经过旷日持久的协商与流血战争，他才至少完成了哈布斯堡家族领土的统一，并保住勃艮第土地遗产中的重要区域。

在第一位妻子玛丽亚死后，马克西米利安设法在意大利与比安卡·玛丽亚·斯福尔扎 (Bianca Maria Sforza) 结婚，这桩联姻却无法再让罗马国王的统治发挥有效作用。1504 年，他徒劳地在最高法院让人在书里寻找罗马之行的信息与皇帝加冕的形式。塞巴斯蒂安·布兰特 (Sebastian Brant) 当时还接到委托，要书写六次罗马之行的历史。宫廷想运用历史知识举行皇帝加冕。就算这本书写成了，也只能展示加冕礼仪的不断变化，因为 1220 年到 1452 年之间的六次皇帝加冕没有一次是按照同一种模式进行的。

1508 年的意大利之行还是败给了法兰西与威尼斯的结盟，到特伦托（Trient）就无法继续前进。在这里，马克西米利安一世在教宗尤利乌斯二世（1503~1513 年在位）的同意下接受了"受选罗马皇帝"的称号。经过教宗认可，选帝侯的选举赢过了罗马加冕！此后只有马克西米利安的孙子查理五世是在 1520 年成为受选罗马皇帝后，在 1530 年 2 月 24 日从教宗克莱孟七世（1523~1534 年在位）手中接过皇冠的，不过加冕不再在罗马，而是在博洛尼亚进行。此后，罗马皇帝直到 1806 年都由选帝侯在美因河畔法兰克福选出。自 1562 年起，在亚琛马利亚教堂进行的加冕仪式也搬至法兰克福圣巴尔多禄茂大教堂。实用主义理念将中世纪的礼仪长链缩短，捆绑起来，攒成帝国中心地带的一个点。不管怎么说，从奥地利出发，到达法兰克福要比到达亚琛方便。

对中世纪晚期贵族文化的维护让马克西米利安日后被视作最后的骑士。他在因斯布鲁克宫廷教堂（Innsbrucker Hofkirche）的精美石棺至今仍透露着中世纪哈布斯堡家族传统与皇帝统治传统的光辉。当他 1519 年 1 月 12 日在维也纳新城去世并下葬时，时代已经变了。随着 1492 年美洲大陆的发现，中世纪对世界有三块大陆的想象被打破了。1517 年，马丁·路德挑战罗马教会。宗教改革分裂了信仰的统一，让马克西米利安身后的王朝经历严峻考验。在马克西米利安的孙子与继承人查理五世（1519~1556 年在位，逝于 1558 年）的统治下，中世纪皇帝的罗马与意大利政策转变为西班牙世界帝国的全球视角——帝国之内日不落。尽管哈布斯堡人的统治范围远远超过罗马皇帝的，但家族本身存活得比它的统治范围长久。1806 年，德意志民族的神圣罗马帝国衰落后，哈布斯堡家族仍然从 1804 年在奥地利施行皇帝统治直到 1918 年。

展 望

1512/1513 年，阿尔布雷希特·丢勒
（Albrecht Dürer）为纽伦堡圣灵教堂的圣物馆
（Heiltumskammer）完成查理大帝的画像。丢
勒画出的是一位年长、尊贵的皇帝，长发浓髯，
头戴中世纪盛期的帝国皇冠，身着华丽的加冕
服饰，右手执光亮宝剑，左手持帝国宝球，两
侧饰以皇帝的黑鹰纹章与法兰西国王的百合纹
章。对众多后继者来说，查理作为理想先祖，
可为他们带来合法权力。

16 世纪至 19 世纪初，即便没有罗马，德意
志民族的神圣罗马帝国也能维系。帝国内部的
一众政治主体在皇帝统治中共同创造了一个框

架，凭借于此，这些政治主体经过宗教改革与三十年战争的巨大挑战后还得以侥幸存活。在欧洲国家的政治体系中，人们很难对这种皇帝统治下定义，皇帝之位包含了很多诉求，也为很多人提供了很多东西。有些人看它像远古遗物，甚至几乎是个庞然大怪。

1440 年至 1806 年的皇帝都来自哈布斯堡家族。维特尔斯巴赫家族的皇帝查理七世（1742~1745 年在位）带来的三年中断几乎可以忽略不计。不管怎么说，366 年来终于有一次，选帝侯的选举不仅仅是家族传承的陪衬。扩张中的领土财产乃至更广大的世界为哈布斯堡人提供了大施拳脚的空间。因此，他们并不在帝国内运用君主集权。开放的结构让或大或小的领土在其中多样纷呈，将国王、亲王、伯爵、领主、总主教、修道院院长、修女院院长、城市、农村与乡镇共同体绑在一起。17、18 世纪，邻国国王甚至在神圣罗马帝国上分有领地。帝侯协治的合作结构中几乎不允许还有什么事情是靠强力来推行的。如今回望时，人们或把这描述为政治上的无能，或把它说成和平的秩序系统。经济效益的冷酷信徒无法将神圣罗马帝国及皇帝视为典范。直到欧洲民族国家的发展带来19、20世纪的战争灾难，人们才再次对昔日的宜人环境投去温柔目光。无论如何，旧帝国和老皇帝让人们满意的时间比法国的旧制度，即比人们认为的欧洲国家典范还要长。

由查理大帝开创、奥托大帝再建的皇帝大业延续了超过千年。当1806年8月6日，弗朗茨二世摘下罗马皇帝的皇冠时，它走到了萧索的终局。法国大革命的大获全胜与欧洲民族国家的形成让德意志民族的神圣罗马帝国显得无足轻重。唯一的罗马皇帝不再存在后，皇帝统治转变为各种不同的形式。1804年，拿破仑一世在教宗的协助下打响自我加冕为法国皇帝的第一枪。罗马皇帝弗朗茨二世对此的反应沿袭了哈布斯堡的传统。同一年，他还宣称自己为奥地利皇帝。相比之下，旧王朝的落幕悄无声息。1803年到1815年之间国家的重新组建比神圣罗马帝国的消失更让当事人有所感触。旧有关系在德意志邦联（Deutscher Bund）中继续生效。而当德意志邦联在19世纪60年代的战乱中解体后，德意志人拥立新的皇帝建起新的帝国。当中，普鲁士的冲击挤压着拥有哈布斯堡皇帝的奥地利。后进的民族国家想要迈着阔步找到"太阳下的一席之地（ein Platz an der Sonne）"。这种过度补偿很快将古老的普世统治转化为令人倍感压迫的黩武主义。

普鲁士国王在 1871 年至 1918 年间作为皇帝统治着德意志王国，他们是威廉一世、腓特烈三世、威廉二世。这些霍亨索伦家族的统治者从 1701 年起就是普鲁士或普鲁士之内的国王，1415 年至 1806 年就以勃兰登堡边境伯爵身份列为旧王朝选帝侯，吸纳了旧式传统。1871 年的德意志帝国目的明确地将神圣罗马帝国的历史工具化，并为自己所用。奥托、萨利安与施陶芬王朝显赫的皇帝统治被当成德意志世界地位的凭据。对德意志皇帝冠冕的设计完全依据了被收进维也纳皇宫帝国宝藏库的中世纪样本，不过从未交付制作。威廉二世时代的民族纪念物架起通向过去的桥，屈夫霍伊泽纪念塔或戈斯拉尔皇宫（die Goslarer Kaiserpfalz）便是当中的典型。重建的戈斯拉尔皇宫被绘上中世纪历史图景，两位皇帝腓特烈一世与威廉一世"大帝"的骑马像象征着旧时代与新时代的统一。红胡子"巴巴罗萨（Barbarossa）"后头跟着白胡子"巴巴布兰卡（Barbablanca）"。直到今天，历史术语依然没能从当时对中世纪历史的"日耳曼化（Germanisierung）"中完全恢复过来。19 世纪的人们缺乏深思熟虑地将德意志历史向日耳曼的过去延展，在中世纪罗马旧事中追寻德意志皇帝统治的渊源。

皇帝诸君声称几百年间拥有普世统治权力，多半只是自说自话，毕竟世界上还存在罗马皇帝恺撒、巴格达的哈里发、奥斯曼的苏丹、印度的莫卧儿皇帝、俄国沙皇、中国皇帝、埃塞俄比亚皇帝等。到了 19、20 世纪，人们差不多可以接受"皇帝"作为复数存在。法国皇帝、奥地利皇帝或德意志皇帝的头衔都激发了人们的野心，很快又有了巴西皇帝（1822~1889 年）和墨西哥皇帝（1822~1823 年，1864~1867 年）。1876 年，不列颠女王维多利亚成为印度女皇。此外还有意大利国王作为埃塞俄比亚皇帝进行统治，有"万王之王"波斯沙阿的统治，在非洲还有新的政治实验形态。今天，世界上还被允许存在的皇帝统治只有民主国家日本的天皇制。

在欧洲，第一次世界大战摧毁了德国、奥地利与俄罗斯的皇帝统治。后来那里的人们回忆起皇帝的过去则带着憎恶、伤感或漠然。德意志的第三帝国没了皇帝，却搞出了个元首。就算是纳粹德国也依旧在追溯一个"德意志的中世纪"。纽伦堡党代会上，德意志的新与旧合为一体。党卫军被命名为"霍亨施陶芬（Hohenstaufen）"或"查理曼（Charlemagne）"（党卫军的法国志愿军）。1941 年，红胡子必须把名字"巴巴罗萨"借给纳粹的入侵苏联的作战计划。赫尔曼·戈林（Hermann Göring）在1943 年惨败于斯大林格勒之前发表的演讲有心提到 12 世纪《尼伯龙根之歌》里的最终血战。亨利·希姆莱（Heinrich Himmler）在党卫军前发布的演说《帝国》（*Das Reich*）提出了可怕的要求：未来欧洲所有人说到"帝国"这个词必须只能指德意志国。

尽管如此，1945 年德意志帝国的灾难与终结并未带来对中世纪皇帝的记忆的崩坏。对历史的引证往往因时而变。很快，战后欧洲又对基督西方与古老皇帝有了重新发现。有人甚至将神圣罗马帝国视作"欧洲融合（Integration）"的楷模。欧洲邻居们理所当然地比德意志人保留更多怀疑，不像后者在友善的共识原则中那么乐意将中世纪盛期皇帝的凶残抛于脑后。1965年以来的大型展览让皇帝的世界再度变得鲜活：查理大帝、施陶芬家族、维特尔斯巴赫家族、萨利安王朝、奥托大帝或亨利二世。中世纪的英雄与英雄家族以恢宏的方式，让人对古老的德意志历史产生兴趣和好感。德国人的罪愆把晚近的历史变成一种伤痛，古老皇帝的光辉与伟业则至少带回光环。皇帝的黑鹰作为纹章动物经历了德国的几乎所有转折点。中世纪历史的烙印首先留在了联邦州上：巴登－符腾堡州与施陶芬家族、巴伐利亚州与维特尔斯巴赫家族、莱茵兰－普法尔茨州与萨利安家族、下萨克森州与韦尔夫家族、萨克森－安哈尔特州与奥托家族。

1965年以来的展览向百万公众呈现了中世

纪皇帝的光辉与伟大，使公众对他们的兴趣长盛不衰。2006 年，人们回忆 200 年前德意志民族的神圣罗马帝国的衰亡，以及 900 年前皇帝亨利四世的逝世，并为两者举行周年纪念。在这个几乎不存在皇帝的时代，皇帝的名字却仍然以各种形式继续出现，如今可能与天气、甜食、助产术或足球明星有关。① 科幻电影设想出一个有皇帝（Imperator）的未来。网上用谷歌搜索"Kaiser"（皇帝），便可以得到数百万条结果。对于一个已逝的身份与其新的派生物来说，这绝非无足轻重。

---

① 德语中有许多词汇与"Kaiser"有关。Kaiserwetter 意为"非常晴朗的天气"，最早用于描述奥地利皇帝弗朗茨·约瑟夫一世生日当天（8 月 18 日）总是阳光灿烂的现象，也被用于指德皇威廉二世只在天气晴朗时出席户外活动。Kaiserschmarrn 是一种煎饼，是奥地利、匈牙利、巴伐利亚地区流行的甜点。Kaiserschnitt 意为"剖腹产"。德国著名足球运动员弗朗茨·贝肯鲍尔则被人们称为"足球皇帝（der Kaiser）"——编者注。

查理大帝	皇帝，800 年 12 月 25 日加冕；逝于 814 年 1 月 28 日。
路易一世（虔诚者）	皇帝（副皇帝），813 年 9 月 /816 年 10 月加冕；逝于 840 年 6 月 20 日。
洛塔尔一世	皇帝（副皇帝），817 年 7 月 /823 年 4 月 5 日加冕；逝于 855 年 9 月 29 日。
路易二世	皇帝（副皇帝），850 年 4 月加冕；逝于 875 年 8 月 12 日。
查理二世（秃头）	皇帝，875 年 12 月 25 日加冕；逝于 877 年 10 月 6 日。
查理三世（胖子）	皇帝，881 年 2 月 12 日加冕；逝于 888 年 1 月 13 日。
（斯波莱托的）圭多	皇帝，891 年 2 月 21 日加冕；逝于 894 年 11/12 月。
（斯波莱托的）	皇帝（副皇帝），892 年 4 月 23

兰贝托	日加冕；逝于 898 年 10 月 15 日。
（克恩滕的） 阿努尔夫	皇帝，896 年 2 月底加冕；逝于 899 年 12 月 8 日。
路易（瞎子）	皇帝，901 年 2 月加冕；905 年 8 月被刺瞎；约逝于 928 年。
（弗留利的） 贝伦加尔	皇帝，915 年 11/12 月加冕；逝于 924 年 4 月 7 日。
奥托一世	皇帝，962 年 2 月 2 日加冕；逝于 973 年 5 月 7 日。
奥托二世	皇帝（副皇帝），967 年 12 月 25 日加冕；逝于 983 年 12 月 7 日。
奥托三世	皇帝，996 年 5 月 21 日加冕；逝于 1002 年 1 月 23/24 日。
亨利二世	皇帝，1014 年 2 月 14 日加冕；逝于 1024 年 7 月 13 日。
康拉德二世	皇帝，1027 年 3 月 26 日加冕；逝于 1039 年 6 月 4 日。
亨利三世	皇帝，1046 年 12 月 25 日加冕；逝于 1056 年 10 月 5 日。
亨利四世	皇帝，1084 年 3 月 31 日加冕；逝于 1106 年 8 月 7 日。

亨利五世	皇帝，1111 年 4 月 13 日加冕；逝于 1125 年 5 月 23 日。
洛塔尔三世	皇帝，1133 年 6 月 4 日加冕；逝于 1137 年 12 月 3/4 日。
腓特烈一世	皇帝，1155 年 6 月 18 日加冕；逝于 1190 年 6 月 10 日。
亨利六世	皇帝，1191 年 4 月 15 日加冕；逝于 1197 年 9 月 28 日。
奥托四世	皇帝，1209 年 10 月 4 日加冕；逝于 1218 年 5 月 19 日。
腓特烈二世	皇帝，1220 年 11 月 22 日加冕；逝于 1250 年 12 月 13 日。
亨利七世	皇帝，1312 年 6 月 29 日加冕；逝于 1313 年 8 月 24 日。
路易四世（巴伐利亚人）	皇帝，1328 年 1 月 17 日 /5 月 22 日加冕；逝于 1347 年 10 月 11 日。
查理四世	皇帝，1355 年 4 月 5 日加冕；逝于 1378 年 11 月 29 日。
西吉斯蒙德	皇帝，1433 年 5 月 31 日加冕；逝于 1437 年 12 月 9 日。
腓特烈三世	皇帝，1452 年 3 月 19 日加冕；

	逝于 1493 年 8 月 19 日。
马克西米利安一世	受选罗马皇帝，1508 年 2 月 10 日加冕；逝于 1519 年 1 月 12 日。

工具书

Lexikon des Mittelalters; Handwörterbuch zur deutschen Rechtsgeschichte.

入门书籍

Otto der Große und das Römische Reich. Kaisertum von der Antike zum Mittelalter, 2012; Kaisertum im ersten Jahrtausend, hg. von H. Leppin/B. Schneidmüller/St. Weinfurter, 2012; Heiliges Römisches Reich Deutscher Nation. 962 bis 1806. Von Otto dem Großen bis zum Ausgang des Mittelalters, hg. von M. Puhle/C.-P. Hasse, 2 Bde., 2006; Heilig – Römisch – Deutsch. Das Reich im mittelalterlichen Europa, hg. von B. Schneidmüller/St. Weinfurter, 2006; H. K. Schulze, Grundstrukturen der Verfassung im Mittelalter, Bd. 3: Kaiser und Reich, 1998.

古代与拜占庭皇帝统治

H. Leppin, Das Erbe der Antike, 2010; W. Dahlheim, Geschichte der römischen Kaiserzeit, 3. Aufl. 2003; J. Martin, Spätantike und Völkerwanderung, 4. Aufl. 2001; P. Schreiner, Byzanz 565-1453, 4. Aufl. 2011.

欧洲与中世纪王国

B. Schneidmüller, Grenzerfahrung und monarchische Ordnung. Europa 1200-1500, 2011; H.-W. Goetz, Europa im frühen Mittelalter 500-1050, 2003; M. Borgolte, Europa entdeckt seine Vielfalt 1050-1250, 2002; M. North, Europa expandiert 1250-1500, 2007; J. Ehlers, Das westliche Europa, 2004; C. Lübke, Das östliche Europa, 2004; Gebhardt, Handbuch der deutschen Geschichte, 10. Aufl. 2003 ff.; St. Weinfurter, Das Reich im Mittelalter. Kleine deutsche Geschichte von 500 bis 1500, 2008; J. Fried, Das Mittelalter. Geschichte und Kultur, 2008.

传记／王朝

Die Kaiserinnen des Mittelalters, hg. von A. Fößel, 2011: Die deutschen Herrscher des Mittelalters, hg. von B. Schneidmüller/St. Weinfurter, 2003; R. Schieffer, Die Karolinger, 4. Aufl. 2006; G. Althoff, Die Ottonen, 2. Aufl. 2005; E. Boshof, Die Salier, 5. Aufl. 2008; O. Engels, Die Staufer, 9. Aufl. 2010; B. Schneidmüller, Die Welfen, 2000; K.-F. Krieger, Die Habsburger im Mittelalter, 2. Aufl. 2004; J. K. Hoensch, Die Luxemburger, 2000; L. Holzfurtner, Die Wittelsbacher, 2005.

图像、象征、言说

H. M. Mierau, Kaiser und Papst im Mittelalter, 2010; E. Goez, Papsttum und Kaisertum im Mittelalter, 2009; H. Ottmann, Geschichte des politischen Denkens, Bd. 2/2: Das Mittelalter, 2004; G. Althoff, Die Macht der Rituale, 2003; A. T. Hack, Das Empfangszeremoniell bei mittelalterlichen Papst-Kaiser-Treffen, 1999; P. E. Schramm/F. Mütherich, Denkmale der deutschen Könige und Kaiser. 768-1250, 1962; P. E. Schramm/H. Fillitz, Denkmale der deutschen Könige und Kaiser, Bd. 2: 1273-1519, 1978.

人名、地名索引

（此部分页码为德文版页码，即本书页边码。）

（缩写：Bf.= 主教，Ebf. 总主教，frk.= 法兰克的，Kg./Kgn.= 国王 / 国后，Ks./Ksn.= 皇帝 / 皇后）

中世纪时期的皇帝：从查理大帝到马克西米利安一世

作者简介

贝恩德·施耐德穆勒（Bernd Schneidmüller）1954 年出生于黑森州，自 2003 年以来在海德堡大学担任中世纪史教授，2020 年当选海德堡科学院主席。

译者简介

陆瑶，上海外国语大学德语系本科，弗赖堡大学德语文学硕士，同校博士在读，方向为中世纪德语文学、校勘、修女院书写、数字人文。

图书在版编目（CIP）数据

中世纪时期的皇帝：从查理大帝到马克西米利安一世 /（德）贝恩德·施耐德穆勒著；陆瑶译. -- 北京：社会科学文献出版社，2021.6
（生而为王：全13册）
ISBN 978-7-5201-8346-8

Ⅰ. ①中… Ⅱ. ①贝… ②陆… Ⅲ. ①皇帝-列传-欧洲-中世纪 Ⅳ. ①K835=3

中国版本图书馆CIP数据核字（2021）第092700号

生而为王：全13册
中世纪时期的皇帝：从查理大帝到马克西米利安一世

著　　者	/	〔德〕贝恩德·施耐德穆勒
译　　者	/	陆　瑶

出 版 人	/	王利民
组稿编辑	/	段其刚
责任编辑	/	周方茹
文稿编辑	/	陈嘉瑜

出　　版	/	社会科学文献出版社·联合出版中心（010）59367151
		地址：北京市北三环中路甲29号院华龙大厦　邮编：100029
		网址：www.ssap.com.cn
发　　行	/	市场营销中心（010）59367081　59367083
印　　装	/	北京盛通印刷股份有限公司

规　　格	/	开　本：889mm×1194mm　1/32
		本册印张：6.625　本册字数：93千字
版　　次	/	2021年6月第1版　2021年6月第1次印刷
书　　号	/	ISBN 978-7-5201-8346-8
著作权合同登记号	/	图字01-2019-3627号
定　　价	/	498.00元（全13册）

本书如有印装质量问题，请与读者服务中心（010-59367028）联系